**Cosas y casos
del pueblo de
ADOBES**

TOMO IV

Lorenzo Hernández Hernández

Cosas y Casos

del pueblo de

ADOBES

TOMO IV

AACHE Ediciones
Guadalajara 2025

aache
ediciones

82

colección LETRAS MAYÚSCULAS

Para consulta sobre alguna palabra o expresión que aparezca en el libro, dirijase al autor a través de su email: adobesloren@hotmail.com

Producción, maquetación y edición electrónica:
AACHE Ediciones
C/ Malvarrosa, 2 (Las Lomas) – Telef. 949 220 438
19005 – Guadalajara
E–Mail: editorial@aache.com
Internet: www.aache.com

Impresión:
PodiPrint
C/ Cueva de Viera, 2
29200 – Antequera (Málaga)

Impreso en España – Printed in Spain.

ISBN 978–84–19813–74–9
Depósito Legal: GU–78/2025

Si escribir fuera pecado
Y leer una calumnia
Mejor cierres este libro
O te acabes confesando.

Que cumplir con penitencia
Por cuatro líneas de na,
Casi que no lo abrieras
O te pongas a rezar.

Dedicado a mis hermanos/as por todo lo que de ado-banos llevan dentro y al resto de familia.

Seguimos con la historia…

Aquel día, el de la fiesta de Santa Cristina, no cabía un alma más en la iglesia. Vinieron de todas partes de la comarca, desde los vecinos Tordellego, Tordesilos, Piqueras, Alustante hasta los de Anquela, Setiles, Traid y de la misma capital Molina de Aragón, que ya es decir.

Los bancos de la iglesia, repletos de feligreses apretujados, intentando ocupar los mejores sitios. Aquello se parecía al **bache** que se formaba con las ovejas en el día del esquilo. *(Para empezar el libro, no está mal el ejemplo; no te explicaré qué es el bache porque no huele muy bien).*

El coro ya estaba hasta los topes, ocupado principalmente por los mozos solteros y los **zagalindrones**, aquellos a quienes les importaba cuatro pitos la misa y que estaban obligados a ir porque ese día estrenaban alguna ropilla de buen ver.

Las escaleras de caracol de subida a la torre, sin peldaños donde poner un pie, llenas de charlatanes y hasta algún que otro fumador.

En la nave central no se adivinaba su pasillo: unos de pie, otros de rodillas, unos rezando, otros sentados y charlando, algunos murmurando y la mayoría vigilando que no les quitaran su escaño.

Y los que no se veían ni se oían andaban perdidos en el campanario, vigilando desde las troneras los caminos de acceso al pueblo y guardando el turno para cuando llegara la hora de bandear las campanas.

Aquel mismo día se llenaron a rebosar los cepillos, bandejas y canastillas con perrillas de toda clase de metales y de distinto valor, y hasta puede que a alguna persona se le escapara algún que otro billete de papel con un color distinto al de la peseta o el duro. Seguro que el cura ese día no echaba en falta a ningún feligrés ni tendría ocasión de poner falta a los ausentes. A los monaguillos de turno se les añadió el sacristán y alguna beata para poder dar abasto a tal despilfarro de gratitud y bondad. Al soniquete de las perrillas al caer al cestillo *(además de la intención al echarla)*, parecía un concierto de música que retumbaba por toda la nave de la iglesia. Algunos se les salían los ojos de la cara de envidia, pero la mayoría sacaban las manos de los bolsillos repletas de perrillas.

Ni que decir tiene que ese día se le acabaron las hostias al cura. Hasta tuvo que recurrir a las que tenía caducadas de meses atrás en la sacristía.

A pesar de tanto reparto, el cura y sus concelebrantes no se cansaban de repartir ante el alto precio pagado por los feligreses, que, en vista de la interminable cola, terminaron dando hasta migajas con tal de que se pudieran ir todos con Dios.

No es que fuera muy frecuente ver tal avalancha de gente: tal vez dos misas en las fiestas patronales y ocho o diez más de guardar por imperativo legal de la iglesia, a salvo de algún entierro más que sonado de algún personaje muy conocido en los alrededores de la comarca. Infrecuente era que se concelebrara una misa en un pueblo tan pequeño a no ser que hubiera una visita especial del Señor Obispo con todo su séquito. Podía darse el caso de que asomara algún cura de pueblo vecino para dar más realce a la misa, o incluso algún sacristán que armonizara o rivalizara con el del propio pueblo en aquello del cante.

Si yo dijera verdad, los músicos eran los que menos armonizaban: ni tan siquiera había armónium ni quien lo tocara, y el acompañamiento en las diversas fases de la misa se limitaba a un himno nacional con un ritmo al compás de lo que la situación requiriese, ahora con acordeón flojo y suave, ahora con saxofón y tambor. Y es que en estos tiempos en los que nos movemos era de uso obligado, y si el pueblo y sus autoridades siempre llevan razón, razón de más para decir que era una misa digna de ver y de escuchar. Y obligados a asistir, claro está.

El tío Pedrillo intentaba armonizar todo lo que podía y sabía. *(El tío Pedro era el sacristán, pero todos le llamaban Pedrillo)*.

El recital lo empezaba con el toque y el repique de las campanas, cada toque con su ritmo y su cadencia más que aprendida y sabida de memoria. No era de extrañar que lo hiciera mucho antes de la hora: bien sabía que en las fiestas los feligreses solían estrenar las ropas adquiridas para tal fecha, y en el caso de las mujeres, ese día debían abusar de los coloretes y de las permanentes.

Al primer toque ya empezaban a verse los más madrugadores alrededor del olmo de la plaza.

Al segundo, ya con prisas, todos aquellos y aquellas que tenían reservados los sitios más próximos al altar.

A la tercera o última señal, los obligados a entrar: todos aquellos a quienes les importaba la misa cuatro pitos y que no eran ni católicos, ni apostólicos ni romanos.

Su voz, aunque llegaba a retumbar por la bóveda de la nave central, no era para echarse a temblar y mucho menos el techo de la iglesia, a no ser que viniera el tío Baltasar, el sacristán de Piqueras, y le fastidiara la fiesta y el concierto con semejante vozarrón.

La competencia entre los sacristanes de los pueblos limítrofes era más que conocida por los feligreses.

Cuentan los monaguillos que le ayudaron al cura aquel día que, al acabar la misa, Don Francisco, el cura titular del pueblo, se frotaba las manos en la sacristía al ver tal despilfarro de dineral recogido de los feligreses asistentes en las distintas cestillas.

Si dijeron la verdad, se llevaron dos reales en perras chicas, que, visto a bulto, era casi un puñado. ¡Casi na! —Así cualquiera aguanta tres horas de misa y lo que haga falta.

Que yo sepa, y me acuerdo perfectamente, nunca pasaba de una perra gorda y casi siempre me tenía que conformar con cuatro perrillas chicas a no ser que el cura se equivocara.

A mí nunca me tocó de monaguillo en una fiesta de las grandes: estas estaban reservadas para otros chavales del pueblo, aquellos que tenían una preferencia ya predeterminada por sus propias familias por el hecho de ser considerados católicos, apostólicos y romanos de siempre.

Ya se sabe que en casi todos los pueblos hay una serie de familias clásicas que andan cercanas a la iglesia, aquellas que comulgan cada día con el cura en ideas y se arrepienten a menudo en el confesionario de sus faltas, esas que no faltan nunca a misa y hasta rezan el rosario cada tarde en sus propias casas.

Y no es que yo estuviera lejos de la iglesia: de hecho, mi casa era de las más próximas y en ningún caso a más de treinta pasos, pero la devoción de mi familia al clero no era excesivamente distinguida en eso de los menesteres a cumplir con los rituales litúrgicos. Y no por eso dejaba de haber estampas y calendarios en alcobas y cuartos donde no se dejara ver alguna virgen o santo que protegiera a sus moradores.

Seguramente era una cuestión de tiempo y trabajo y en ningún caso de hábitos ni de monjes. Supongo que era una familia normal como cualquier otra del pueblo, con más o menos méritos como feligreses, sin apego especial a los menesteres religiosos.

En más de una ocasión (*yo lo hice y muchos más*), cuando se suponía que íbamos a recibir una perra chica por los servicios de monaguillo, se solía atrever a chupar de la vinajera donde guardaba el vino dulce el cura, al estar depositada en una esquina del altar donde no llegaba la vista del sacerdote y que se usaba a modo de lacena. Eso sí, siempre que hubieras andado con vista a la hora de echar en el cáliz lo menos posible, porque el cura bien sabía de la estratagema de intentar vaciarle toda el agua a cuenta del vino, aunque no le quedara para lavarse las manos después.

La ventaja que había en aquellos tiempos es que la misa la decía de espaldas a los feligreses, y en el caso de los chavales, te podías permitir alguna que otra licencia en cuanto al comportamiento durante la misa, eso siempre y cuando que alguna beata de turno de las que se ponían en los primeros bancos no te llamara la atención.

Los chavales y las chavalas nos colocábamos siempre al amparo de la sotana del cura y en los primeros bancos para poder vigilarnos mejor y llamarnos al orden cuando nuestro comportamiento no era con el decoro y la respetuosidad que merecía la ocasión.

Un par de escaleras se encargaban de evitar que le pudiéramos tirar de la sotana al cura cuando cantaba la misa.

A los chicos nos obligaban a ponernos en el ala izquierda del altar y al lado de la puerta de la sacristía, mientras que a las chicas las colocaban en el lado opuesto, junto al confesionario y bajo el púlpito. Seguro que a nosotros por aquello de hacer de monaguillos y a ellas porque eran tan malas que tenían que estar confesándose cada momento.

Vamos, eso pienso yo.

Seguro que ellas dicen lo contrario.

Mejor nos olvidamos del tema.

Siguiendo un orden jerárquico y en función de la religiosidad y méritos demostrados en cuanto a perpetuidad y fiabilidad de asistencia, se colocaban a continuación las mujeres más beatas, las mozas y demás gremio femenino hasta llegar al atrio de entrada. A partir de la capilla de la Virgen de la Cabeza y de la pila de agua bendita se situaba el personal masculino hasta llegar al coro.

Por aquellos días en que se celebraba la fiesta del pueblo, y ante la falta de espacio para albergar semejante gentío venido de los pueblos cercanos, se reservaban los primeros bancos para las autoridades, la música y algún coro de acompañamiento. En el caso de nuestro pueblo, quedaba reducido al alcalde, el juez, el médico, la guardia civil y poco más.

Y como siempre solía ocurrir, las beatas de siempre ya habían echado pies en polvorosa y al galope para coger los mejores sitios, que casi siempre tenían en propiedad por derechos adquiridos.

Y es que ese día las había que querían coger dichos sitios para lucir trajes, vestidos de estreno, moños a la española e incluso permanentes de peluquería.

Eran días en que los disfraces y ropajes llegaban a tal extremo que las mismas personas se hacían irreconocibles ante el espejo o al mirar de los vecinos más próximos. Las mujeres aparecían por parejas o tríos, cogidas del bracete para poder guardar el equilibrio de tanto zapato de tacón no acostumbrado a andar por las callejas del pueblo o a la costumbre de no ir solas por la calle.

Apiñados estaban los hombres casamenteros tras la pila de santiguarse, desplazando a los mozos a la zona del coro y a las escaleras que suben al campanario. Hasta puede que hubiera algún que otro ateo que, viéndose en la obligación de cumplir con la parroquia, se subiera a las troneras con tal de no oír la misa ni los sermones o incluso se quedara sentado por el caracol fumándose un cigarrillo.

Y no es que fuera puro azar ni coincidencia el que se diera tal circunstancia a la hora de situarse en la iglesia; era una estructuración premeditada de la sociedad de aquellos tiempos, hecha a base de siglos. Que si pedir y exigir era cosa de hombres, rezar y poner velas para que se cumpliesen los deseos eran cosas de las mujeres, y, a la sazón, cuanto más cerca del benefactor, más posibilidades de conseguirlo.

Ni que decir tiene que días antes ya se habían encargado las madrinas de las fiestas, las mujeres más beatas y el sacristán de dejar la iglesia en perfecto estado de revista.

La obligación y la tradición de fregar, barrer, limpiar, adornar y asear todos los ropajes del cura y altares era una responsabilidad compartida por todo el pueblo, y de ello dependerían los comentarios de los pueblos vecinos a su regreso a sus localidades.

El respeto a las Santas Patronas obligaba a abandonar cualquier actividad agrícola o ganadera por urgente que fuera. A un lado se dejaría la trilla si viniera al caso con todas sus consecuencias o contratiempos, y liberados quedarían los pastores de turno por cualesquiera de pueblo vecino, ya fuera amigo, familiar o allegado. La fiesta es la fiesta, y su patrona, si viera sacrificio en sus gentes, lo devolvería con creces.

Tradición era —obligación incluida— el asistir a misa el día de la Fiesta Grande, con el máximo respeto y con el consiguiente decoro. Y si la misa de guardar no se cumpliera por motivos laborales inexcusables, se vería sancionado con una multa en efectivo y sin justificación que mediara como atenuante.

Y no solo estaba feo y mal visto, sino que, aparte de la consabida sanción, se pregonaba a los cuatro vientos por parte del cura que fulanito no había asistido a los santos oficios, y lo más grave: que había cometido un pecado mortal, y eso era motivo de confesión y penitencia.

Ya tenía el cura su lista negra con todos aquellos que solían ser de izquierdas o rojillos, y si no, ya se encargaban las beatas de asesorarle fielmente.

Vamos, que era un pecado en toda regla.

Y encima de la multa y la confesión, penitencia y arrepentimiento.

Y a pesar del arrepentimiento, a pagar…

Así que a pagar y callar.

«Cosas de antaño».

Y es que las tradiciones se han ido forjando con el tiempo a base de obligaciones por la autoridad reinante, llámese iglesia o Estado, o ambas a la vez de la mano. Toda clase de enseñanzas, actitudes y comportamientos han influido en las personas hasta darles una personalidad propia. Y en el caso de nuestros pueblos, apenas evolucionó al estar aislados de la sociedad, y se fue transmitiendo sin reparos de padres a hijos y nietos. De generación en generación.

No deberíamos olvidar que el Clero y el Estado han estado intrínsecamente ligados por intereses propios a partir del siglo XII, en la guerra santa contra el morisco, y hasta casi los albores del siglo XXI; y de ellos y de sus imperativos se derivan las leyes que harán que el pueblo esté sumiso en todo momento. El autoritarismo de la Iglesia y del Estado llega a extremos insospechados en los núcleos pequeños de población, aprovechando el analfabetismo y la incultura, con la imposición de los curas en cada pueblo a partir del siglo XV y con el apoyo incondicional de los señores o valedores de los pueblos y aldeas, recaudadores de los impuestos del Estado, y de los alcaldes y resto de autoridades —llámese Guardia Civil, maestros, médicos, practicantes, jueces—, todos ellos controlando indirectamente a familias y particulares en sus conductas.

Todo estaba controlado por la Iglesia y el Estado.

Hasta siglos después se fueron incorporando nuevos elementos y personas, protegidas y avaladas igualmente por ambos estamentos, para seguir imponiendo y aleccionando las ideas preconcebidas de antemano y seguir dominando a los pueblos en progresivo aumento de población y de riqueza.

Por ello no es extraño encontrar en pueblos insignificantes como el nuestro a personajes como el maestro, el médico, el practicante, el forestal, el juez, el jefe de la hermandad, el depositario, el alcalde, la Guardia Civil, etc.; personas todas ellas vinculadas a la autoridad elegida y adoctrinadas para inculcar las ideas al pueblo.

La sociedad, históricamente, se ha acostumbrado a convivir con la obligación, que con el paso del tiempo se convierte en tradición, y qué mejor manera para que se use de escuela de enseñanza para el pueblo.

Una breve ojeada al libro de la historia de España —y siendo en cualquier caso al azar— podremos observar que los siglos se cuentan por reinados y por monarquías más o menos absolutistas, con epílogo de una dictadura intransigente hasta casi finales del siglo XX.

Por ello no puede resultar extraño este tipo de actitudes tanto del pueblo como de sus mandatarios, puesto que la formación recibida de la tradición está marcada por siglos de opresión y con apenas cuentagotas de democracia.

En nuestros pueblos, la historia ha quedado casi aparcada en la Edad Media y sin apenas evolucionar hasta el siglo XX, a no ser por la aparición de los medios de locomoción, la radio, la televisión, la prensa y el teléfono. Es entonces cuando el pueblo llano empieza a despertar y a darse cuenta de que también tiene derechos como los demás.

Por aquí se empezó a saber que había sindicatos que defendían a los trabajadores, partidos políticos que pensaban con ideas distintas, guerras que se hacían y se perdían allende los mares, colonias que se perdían, colonias que se abandonaban, gobiernos republicanos, monarquías defenestradas, una dictadura, otra república, y, para postre, una sangrienta guerra civil con una interminable y cruel dictadura.

¡Se me ha ido el santo al cielo!

Y llegado este momento, yo me paro aquí. Ya se sabe lo que pasó después, y gente hay que pueda contarlo de propia voz.

Y todo esto se me ocurría mientras yo estaba en misa. Debía estar por estar, y seguro que ni oía ni escuchaba. Como otros muchos, andaba perdido por las escaleras de caracol cerca del campanario. No tengo por qué ocultar que me gusta que la misa dure lo que estrictamente es la obligación y, a poder ser, sin asistir a ella.

¡Vaya feligrés de leches!

Para decir una verdad sin mentira, yo estaba fumándome un cigarrillo de tabaco tranquilamente en las escaleras y observando la maestría de los canteros que hicieron tan espectacular y milimétrico caracol de subida al campanario.

Seguro que el fumar en la iglesia era pecado. Pero como lo hacían tantos y además a escondidas, no había lugar a multa. *(Debía convertirse en pecado venial al verse atenuado por el hecho de asistir a la santa misa).* De lo que no pudimos salvarnos fue de una buena reprimenda por parte de los que estaban en el coro, incluido el sacristán, pues el humo nos delató al hacer de chimenea la propia escalera.

Andábamos ya un rato charlando con la voz falseada a la espera de que acabara el sermón. Cuando más tranquilos estábamos, se oyó un revuelo por el coro y empezaron a chirriar las puertas de entrada: iba a empezar la procesión. El murmullo empezó a convertirse en gallinero, y eso quería decir que la gente ya se iba en paz.

Los mozos empezaron a alborotarse y…

¡A las campanas!

Tuvimos que salir botando hacia el campanario para evitar que nos atropellaran. Todos los mozos querían coger el mejor puesto de privilegio a la hora de bandear las campanas.

El campanario se llenó en un santiamén de gente.

Todo el mundo quería.

Todo el mundo sabía.

Los que se habían hecho con la campana chica no la soltaban ni a tiros; llevaban más de media misa guardando el turno para ser los primeros en voltearla, y la impaciencia se los comía.

—¿Sale ya la procesión?

—Esperad un poco.

Los cerrojos y pasamanos de la puerta de la iglesia seguían chirriando, resistiéndose a abrirse. Todos intentaban ayudar. El sol asaeteaba las rendijas del atrio de madera carcomida de la entrada, avisando que era cuestión de segundos su apertura.

—¿Pero qué pasa?

—¿Por qué tardan tanto?

Todo el mundo pendiente de que la iglesia se abriera de par en par para que saliera la Virgen por la puerta grande en procesión y con todo su séquito.

La impaciencia no cesaba.

—¿Qué?

—Id dándole la vuelta, que yo os aviso.

(Tammmm… tammmm…)

El badajo de la campana tiritaba sin pulso.

Las camisas se arremangaban con nervios.

La tronera del solano, expectante del inicio.

El olmo de la plaza, impaciente.

La Virgen, a hombros de las mujeres y en volandas, sin poder casi moverse dentro de la iglesia.

La gente, arremolinada.

Las autoridades, mudas y tiesas.

El tío Pedrillo, pidiendo ayuda para abrir los soportales.

Las mujeres que iniciaban sus cantos marianos.

El coro que se suma al vocerío.

El caracol de la escalera que hace de altavoz.

Los cánticos cada vez arreciaban más en el campanario, y los campaneros ya estaban sobre aviso.

—¡Preparaos!

El compás de espera y la tensión de la situación de los mozos lanzaban al aire un silencioso repiqueteo del badajo, fruto del nerviosismo de la espera.

Los encargados de la campana gorda ya se sumaban a la impaciencia del resto. Los de la pequeña, prestos a voltear con toda su fuerza.

—¡Alerta!

(Sin tiempo a reaccionar…)

—¡Ya, ya, ya…!

Una explosión de júbilo estremeció la torre.

Tam, tam, tam, tam…

Tam, tam… tam, tam…

—¡Dadle a la gorda que suene!

Pom, pom, pom, pom…

Tam, tam… pom, pom…

—¡Duro ahí!

Las campanas iban en volandas como si de plumas se trataran.

Tam, tam… pom, pom…

Los campaneros habían cogido tal ritmo que la campana chica se veía obligada a perder vuelta con el badajo.

—¡Así, así! Que no se diga…

Tam………………

Tam………………… Tam………..

Tam, tam… tam, tam…

—¡Venga! Otros al relevo.

—¡Que no pierda comba!

Tam, tam…

—¡Así, así, que no pare!

Tam, tam…

Los turnos de volteo se sucedían de manera casi milagrosa.

Desde lo alto de la tronera se veía muchísima gente. El oído podía fallar por el zumbido de las campanas, pero la vista, con su posición privilegiada, no podía errar; en todo caso, la perspectiva de la comitiva por la calle de las Procesiones hasta se veía agrandá.

Aún andaban las banderas sorteando los cables de la corriente eléctrica por la Callalante cuando seguían saliendo feligreses de la iglesia. A vista de pájaro podían distinguirse claramente los distintos grupos que formaban la procesión: aquí las mujeres con sus cantos marianos, aquí el cura, el sacristán y los monaguillos, y poco más atrás los acordes del acordeón, el bombo, el tambor y el saxofón, y para acabar los que no querían llegar.

Por adelante, las banderas, estandartes, cruces y pendones; seguidamente, el cuarteto de alcalde, médico, maestro y guardia civil, y entremedio la Virgen en andas de las devotas, turnándose con ritmo ceremonioso y pausado.

Las campanas seguían atronando todo el pueblo y esparciendo su repiqueteo por todo el contorno, avisando a los pueblos limítrofes de la celebración de la fiesta de su patrona, la Virgen de la Cabeza.

Entre tanto arrebato de alegría, la procesión iba desgranando lentamente sus feligreses por la Callalante, con tonos de vestimentas multicolores engalanando el pueblo como nunca se había visto desde hacía tiempo: un multicolor jardín de ensueño. Hasta a la Santa se le podía notar un cierto rubor en el semblante de su cara ante tanta mirada.

¡Quién iba a suponer tanto gentío este año!

El campanario seguía siendo un hervidero de mozos; todo el mundo quería añadirse a la fiesta, aunque fuera un par de volteos a las campanas. Hasta algunas personas mayores se atrevían a recordar sus viejos tiempos con torpes intentos, aún a costa de ralentizar el ritmo.

Tam, tam…

Pom, pom…

Tam, tam… pom, pom…

¡Vamos, que no se diga…!

La procesión ya asomaba por el callejón del Cerro. Las banderas hermanadas ante la estrechez de la calleja, mezclando sus colores verde y morado y mimetizándose con las paredes y los tejados de las casas. La Santa apenas podía adivinarse entre los apretujones del gentío. Los cánticos, con etéreos ecos, se esfumaban llenos de misterio entre las chimeneas que se elevaban hacia el cielo azul plateado.

Las campanas seguían a lo suyo.

La procesión, ya en el Portalillo, se **desgañitaba** con vivas a la Santa, llenando el aire de salvas de agradecimiento.

—¡Que viva la Santa!

—¡Viva!

La Santa, alegre, misteriosa y callada.

La torre que clama.

La gente que exclama.

—¡Viva Santa Cristina! ¡VIVA!

Con los últimos vítores, la Virgen se recogió a la iglesia, y la gente dio por finalizada la ceremonia eclesial. Los hombres, en su mayoría, se aparcaban bajo la sombra del majestuoso olmo de la plaza a la espera de que el cura terminara de dar la bendición a los que habían vuelto a entrar a la iglesia y los despidiera con su clásico «Id en paz».

Las campanas seguían con su alegría, y el murmullo de los feligreses ya invadía la nave central, avisando a los campaneros que la hora de parar había llegado. Los músicos plegaban sus instrumentos y bártulos, y las autoridades desfilaban en orden, como Dios manda.

El abrazo de dos quintos, allá por los años cuarenta, fue tan efusivo como tiempo llevaban sin verse, tanto como para creerse primero que volvían a conocerse. Los saludos y apretamanos se sucedían por cada metro del Portalillo sin dar margen para poder hablar más de dos palabras con cada una de las personas.

La gente miraba…

—¿Pero aquel no es fulanito?

—¡Me caguen la leche, como lo ves!

—Ya no tiene ni pelo.

—Los años que no perdonan.

(Y el que hablaba no se daba cuenta de que las entradas le llegaban hasta el cogote.)

—Las putadas que hicimos juntos…

—Sí, pero eso eran otros tiempos.

—Tiempos de mozos.

—Pues si yo contara…

—Y si yo…

Como la **repelea** de saludos, abrazos y besos no se acababa, muchas mujeres tuvieron que salir volando a sus casas a dar vuelta a la comida o a empezar a hacerla. Algunas se habían quedado a medias por el arrebato de los toques de campanas para ir a misa o por estar demasiado rato mirándose al espejo para ajustarse los vestidos para la ceremonia. A algunas otras, ya el marido se había comprometido con algún forastero para llevárselo a casa a comer.

Como se suele decir por aquí, el que se queda sin comer es porque le da la gana. Y es que en este pueblo de Adobes, si de algo se puede presumir es de ser hospitalarios y agradecidos.

Hasta peleas se producían por llevarse a comer a un forastero, y más si era conocido o influyente. La sangre nunca llegaba al río, y la discusión no paraba hasta salirse con la suya o quedar mejor que bien y como Dios manda. El caso era cumplir y hacerse agradecer la intención.

Ya iba quedando la plaza medio vacía, y aún andaban unas familias repartiéndose a los invitados por casas.

—Este pa mí.

—Este pa ti.

—Estos pacá.

—Esos pallá.

Uno ya se encontraba hasta incómodo.

—Si lo sé, no vengo.

Sabía de sobras que le iba a pasar, y más si cuando iban los adobanos a su pueblo no los dejaba ni a sol ni a sombra.

—¡Venga! Que he dicho que te vengas conmigo.

El uno tiraba del brazo hacia un lado, mientras el otro se oponía tirando hacia el lado contrario. El zarandeo era parte de la escenografía, por aquello de exagerar la cosa.

—No… si al final me vais a arrancar el brazo.

El uno que no cedía y se lo quería llevar.

El otro que tenía la comida hecha.

A fin de cuentas…

Como el invitado no estaba por inclinarse por lado alguno y sabiendo que la comida la tenía asegurada, dejaba que la secuencia se alargara. Sabía que era una estrategia de querer y de poder, y que por momentos la solución estaba solucionada.

En aquello intervino el interesado…

—Por nosotros no os peléis, que nos vamos ahora mismo.

—Ya, solo faltaba eso.

El zarandeo se convirtió en un tirón que casi le saca la manga de la chaqueta por el antebrazo. Hasta llegó a sonar el descosido.

—Ni hablar.

—Pues os tendréis que poner de acuerdo.

Como el tiempo de teatro ya se excedía de lo reglamentario, optaron por llegar a un acuerdo.

—Vamos a hacer un vermú al bar, y Dios dirá.

Decisión muy inteligente. A estas horas de la mañana, el vermú hace milagros.

Y razonando, razonando…

Bebiendo, bebiendo…

Salieron, cada uno tiró para donde le pareció, y sanseacabó.

Lo de tomar vermú no debería ser tradición unos años antes, donde solo se bebía vino tinto, aguardiente, cazalla, alcarreño y poco más. Luego vino la soda y la gaseosa.

Tal vez fue una innovación aprovechada por el tío Vicente para sacar unas perrillas de más en las fiestas. Como la astucia hay que ponerla al servicio de la necesidad, debió pensar que esto obligaba a muchos de sus feligreses a dejar unos reales más de la cuenta, y más sabiendo que por estas fechas la gente anda con el bolsillo un poco suelto, sobre todo para aquellos que no frecuentaban el bar muy a menudo, y en tales circunstancias de compromiso se verían obligados a cumplir con algún invitado de otro pueblo.

Que yo sepa —debería saberlo, y lo sé—, así lo cuento y así lo he vivido. Cansado de verlo estaba, que cuando llegaba la fiesta, en mi casa se preparaba todo a conciencia y con anticipación.

Y a la vista está —mejor dicho, estaba— que el día anterior a la fiesta ya andaba mi madre cociendo huevos por docenas para adornar y preparar unos pinchos con dos anchoas y una aceituna que sirvieran de reclamo al vermú de mediodía.

Ahora no es nada comparado con lo que se celebraba entonces. (Aclarado quede que estas páginas están escritas con varios años de posterioridad a la edad de los relatos.) Recuerdo que por la mañana, a primera hora, ya quedaba el mostrador vedado a los artículos de ultramarinos y reservado para llenarlo de toda clase de banderillas y latillas de berberechos, mejillones, calamares, anchoas, etc.

El caso era el caso, y para gustos, la variedad. La cosa era sacar unas pesetas de más.

Un saco de plástico podía dar fe de la cantidad de tapaderas y latillas que se llegaban a consumir en tal día. Y hasta otro saco se llenaba con las chapas de las tapaderas de las bebidas.

La nevera, que más que casera se había convertido en pública por aquello de servir la bebida fría, no daba espacio para una cerveza más, y eso que mi padre se había ingeniado una fresquera en el sótano de la casa, llamado a la sazón coloquialmente la cuadra, donde un pozo con agua permanente conservaba el líquido elemento fresquito y de esa manera engañar a la clientela.

Cosas de antaño.

Todo estaba previsto. Incluso se había acordado la ayuda de algún familiar cercano para paliar la falta de servicio. La ocasión lo requería. Se sabía de sobras que la gente aparecería de golpe y a tropel.

Y empezó a asomar gente…

La avalancha se veía venir.

¡Abrir la puerta!

Y se abrieron las puertas de par en par.

En realidad, el abrir las dos hojas de la puerta era más que raro. Quiero recordar que seguramente la única vez que se daba tal circunstancia era el evento del día de la fiesta y a estas horas del mediodía.

Y es que la avalancha venía descabalgada y con atropello. Era cuestión de coger sitio, y si era con derecho a silla, mejor que mejor.

Era uno de esos días en que, a pesar de quedarse todas las caballerías en las cuadras, las calles rezumaban un cierto **traquiteo** de sonido a herradura nueva. Aquel día, más de un vecino y vecina del pueblo aprovechaban para estrenar zapatos nuevos, y eso se dejaba notar en el torpe trotar en la calle.

Puedo afirmar —y es más que cierto— que alguna mujer se dejó el tacón por andar al trote para coger una de las escasas mesas que tenía el bar.

El local se llenó en un santiamén. La algarabía se formó en cuanto la gente se puso a solicitar sus pedidos.

¡Vaya jaleo!

Y a todo esto… el tío Vicente haciendo de maestro de ceremonias.

—Vosotros, pasar para allá.

—¿Cuántos vais?

—Espera un momento, que os junto dos mesas.

El tío Vicente se encargaba de ordenar el fiasco, intentando dar acomodo a los más posibles en el mínimo espacio posible.

—A ver, ¿qué va a ser?

—Allí unos vermús y unos pinchos.

—Marchando.

El tío Vicente no es que hiciera mucho por colaborar en el servicio, pero no se le escapaba detalle.

—¿Y los señores, qué van a tomar?

—Pues…

—Dejadme a mí, que tengo unos aperitivos para chuparse los dedos.

—Que sean tres más.

—Los que hagan falta.

La voz de la experiencia atravesaba por un diminuto ventanillo que estaba hecho a propósito y que comunicaba con el cuarto de la tienda donde se preparaba todo lo que se solicitaba. Por allí andaba la tía Macrina con su delantal de cocinera a toda pastilla, valiéndose ella solita con todo el trabajo. A cada solicitud, una ración extra de aperitivos para incrementar el coste de la operación.

El tío Vicente entendía de estas cosas como nadie, y su sapiencia la aplicaba en cuanto tuviera ocasión.

El trasiego de vasos, botellas y de platillos de aperitivos volaba por los aires en busca de las mesas. El ajetreo y revuelo de personas no dejaba dudas de que la fiesta iba a ser más que sonada.

Entre las peleas por pagar la primera ronda, ya se andaba comprometiendo la segunda, y hasta pedían con anticipación para evitar la demora en el servicio.

Mejor que mejor para el tío Vicente.

—No os preocupéis por pagar, que habrá para todos.

—Ésta me la apuntas a mí.

—Que no, que pago yo.

—No le hagas caso.

Y el tío Vicente que interviene…

—Marchando otra ronda para los señores.

El desorden y las apreturas provocadas por el gentío hacían que el ordeno y mando del jefe se convirtiera en arrebato y malhumor en el cuarto de la tienda, donde la tía Macrina se las veía y se las deseaba para dar abasto a tanta solicitud y premura. Ni ella se podía imaginar tal alboroto.

Y mientras la mayoría se peleaban por un vermú o una cerveza o por unas olivas con sabor a anchoas, a escasos metros se hallaban aposentadas las autoridades en su reservado habitual y tradicional de siempre, degustando tranquilamente toda variedad de latillas. De siempre no lo sé, pero desde que yo tengo uso de razón —o desde que tiene el bar mi familia—, sí.

El local adecuado para tales servicios era una pequeña habitación que servía de dormitorio a mis padres durante todo el año, anexa al bar y donde cabía escasamente una mesa para cuatro o seis comensales como mucho. Y claro está, con su correspondiente llave de acceso.

Por estas fechas, se veían obligados a desmontar cama y demás trastos para acondicionarla a la petición de las autoridades del pueblo durante los días de fiesta. Por momentos, se convertía en coto privado y lugar casi sagrado, con acceso exclusivo para el personal autorizado, llámese cura, alcalde, guardia civil, médico, forestal u otra persona de conveniencia.

Aquí nadie se pegaba por pagar, aunque se tirara la casa por la ventana con toda clase de degustaciones y de bebidas; todos sabían de antemano que el cargo iba a cuenta del erario del ayuntamiento. Y sin rechistar, claro está.

A pesar del ajetreo, el tío Vicente, de vez en cuando, se acordaba de dar una vuelta por la habitación para tener bien servidos a los invitados. De hecho, ya llevaban varias raciones, incluidas dos o tres de jamón, lo que presuponía que ya no iban a comer mucho en su casa.

—Sobre todo, que no les falte nada a las autoridades.

—Eso está hecho.

—Acordaros de apuntar todo.

—Por supuesto.

—Ah, y llevarles unos puros.

—¿Que si quieren unos puros?

—Mejor **fárias**.

—Ahí os dejo una caja de cada.

—Mejor así. Que no falte.

(Lo de acondicionar la habitación fue un invento de tantos para asegurar unos ingresos extras. Tan extras que hasta se podían inflar de manera cuantitativa sin que hubiera reparo por parte del ayuntamiento.)

Cosas de antaño.

Mientras los más tardones apuraban las últimas banderillas y discutían el quién y cómo pagar, otros muchos ya andaban metidos en postres de comidas, dulces y copas de coñac. El sol se había encabritado en todo lo alto, y el vecindario permanecía acoquinado en sus casas esperando a que pasara la hora de la siesta.

El pueblo ahora permanecía tranquilo, encerrado en sus casas, desprendiendo el olor de los pucheros y asados de las cocinas. Acaso unos perros rondaban ávidos de comida de puerta en puerta, a la espera de replegar cualquier cosa que saciara su hambre. Mejor seguir el tufillo que levitaba por las rendijas de las ventanas y defender el espacio del resto de gatos y perros.

Mi casa, por suerte —y quizá unas pocas más—, debía ser la excepción que confirma la regla. Y es que, por norma, en este día de fiesta obligaba a tener la cocina repleta de viandas. Y si digo repleta, nunca sería referido a variedad, sino, en cualquier caso, a cantidad. La calidad ya se daba por hecho, pues en especial eran productos autóctonos de la zona y hasta de cosecha propia, como los derivados de la caza, llámese conejos, liebres, perdices, etc., etc.

La excepción de mi casa —y no podía ser de otra manera— es que no quedaba tiempo material entre los últimos que tomaban el vermú y los primeros que se asomaban a tomar café y puro. El puro, el que más y el que menos ya lo llevaba mordisqueando desde la sobremesa de la comida, y en muchos casos lo llevaban guardando desde la última boda o bautizo de algún familiar. Y qué mejor ocasión para degustarlo que el día de la fiesta. Y es que en dicho día había que fardar de lo que no se tenía, más si se andaba rodeado de invitados.

En mi casa, la cocina, el único olor que desprendía a comida era el aroma a cafeto, y su cocinilla se las veía y se las deseaba para echar a hervir el agua con la malta de café. La comida, en todo caso, se limitaba a dar unos pellizcos a cualquier cosa que se pusiera a mano y que sirviera de justificación para apaciguar la gana.

Que yo recuerde…

En una ocasión me mandaron a comer a casa de los abuelos, y no se me olvida ver el puchero de cocido de tres platos, el estofado de bolos y las fritadas de ternasco o de cabrito. De mi abuela Francisca no es que recuerde mucho, pero de que era exagerada en la comida, seguro.

Hablando de comida…

Y es que un buen cocido daba para tres platos y las sobras.

A saber…

Con el caldo resultante y sobrante del puchero en cuestión se preparaba una sabrosa sopa de fideos de entrada; seguidamente, se servían los garbanzos, patatas y verduras previamente separados de la carne; y como colofón, se añadía una gran fuente con toda la carne cocida a base de jamón añejo, rabo de cerdo, morcilla, chorizo, tocino rancio, pollo, cordero y cualquier resto de huesos de la matanza que anduviera colgado por la despensa.

Y si era el día de fiesta…

—¡Qué hambre me está entrando!

¡Qué rediós! A celebrarlo. Y más después de acabar con todas las tareas de la recolección y hasta con algunas perillas de sobras en el bolsillo.

Aquel día…

Mejor dicho, este día, no era nada extraño ver algún chaval por la calle con un trozo de chicha entre manos.

Las mesas de las casas, no acostumbradas a tanta gula, se las veían y se las deseaban para acaparar tanta dispendia, y ni tiempo se daba a la digestión para tan glotona comida.

Aún andaban las chichas de carne por encima de la mesa, y el plato de mantecados y de pastas ya se peleaban por hacerse un hueco en el **hule**. La botella de coñac y de anís estaban a la expectativa de posicionar las copas para empezar con la consiguiente tertulia.

A todo esto, a los más pequeños de la casa ya se habían mandado a hacer gárgaras a la calle con unas perillas bien apretás en el puño para pasar las fiestas.

Ya metidos en tertulia, saldrían a relucir las suertes y las desgracias, los vivos y los muertos, las cosechas y las haciendas, las ovejas y los mulos, la compra y la venta, el trato y el arreglo, etc., etc., y hasta, si me apuras, alguna proposición de noviazgo entre las familias.

En la calle y bajo un sol de justicia, la **ziburrería** discutía de a quién le habían dado más pesetas y cómo administrarlas para poder llegar a finales de fiestas —asunto nada preocupante, pues en caso de recurso siempre se podía recurrir al abuelo con el bolsillo roto o algún descuido del padre perjudicado por el alcohol—.

¡Madre mía! ¿Dónde me he ido a parar?

Ya no sé por dónde iba.

Bueno, yo sigo contando…

Y mientras en el bar seguía el revuelo, en la iglesia se habían quedado unas mujeres recogiendo todo el estalaje con la ayuda del sacristán. Las unas entre flores, velas y abalorios; otras, con los ropajes de la ceremonia para llevarlos a casa a lavar. La iglesia se quedaba vacía, y sus portones devolvían la penumbra y la tranquilidad a la Virgen.

—Esto pa ti.

—Esto pa mí.

—Y para limpiar, ¿cuándo quedamos?

—Mejor cuando acaben las fiestas.

—Pero mañana hay misa otra vez.

—De momento, vámonos a comer.

Yo hacía rato que me había ausentado para poder echarles una mano a mis padres, aunque solo fuera abriendo botellas y estorbando de vez en cuando. Me había portado como el peor de los feligreses, y me quedaba un cierto sabor amargo del trato que le había dispensado a la Virgen. Y reconociendo mi culpa, me comprometo un día de estos —siempre que no sea fiesta de guardar y cuando la Virgen esté más tranquila y menos solicitada— a hacerle una entrevista en toda regla. Estoy totalmente convencido de que Ella sabe de este pueblo más que entre todos juntos.

En lo que a mí respecta, hasta con la inspiración divina seguiría siendo un completo ateo escribiente. Y no es que la Virgen sea santa de mi devoción —ni tampoco tiene por qué serlo—; lo que pasa es que la Virgen de la Cabeza, de siempre, me ha dado mucho respeto por aquello de ser la titular del pueblo de Adobes.

Y la fiesta seguía…

—¿Que si la fiesta se presumía sonada?

—No hay más que ver el musicazo que ha llegado.

Hablando de música…

Yo sé tan poco como nada. De oídas y poco más. A saber, por aquí se suele decir que las más adecuadas para el pueblo son las de cuerda y de aire. Bueno, eso dicen.

Y diciendo iban por la plaza que era un musicazo lo que venía. —Los de **Villalquemado**.

Este año vienen cinco, y son un orquestón —vamos, comparado con lo que venía antaño, esto es gloria—. Tocan de todo y están a las últimas en eso del pasodoble, tangos y demás milongas, y además llevan un acordeonista que ya lo quisieran para la capital.

Dicho como suena, los de Villalquemado eran como del pueblo. Todo el mundo los conocía uno a uno y por su propio nombre; llevaban viniendo por aquí desde hacía años, y la gente ya se había hecho a la manera de interpretar las piezas que tocaban.

Siempre tocaban a pelo y a pulmón, de memoria y de oído, y todo su instrumental era de aire y sin cuerda.

El tambor, el saxofón, la trompeta y el acordeón se los repartían en según qué canciones y dependiendo de quién fuera el vocalista. Si yo hago caso a mi oído, el que no podía parar era el del acordeón, que era el que más miradas y admiración despertaba.

En verdad, no usaban altavoces ni luminarias cuando actuaban. Si el baile era en la plaza, a poco que se insinuara la canción, el resto lo escenificaba la clientela, haciéndose responsables de su ritmo y compás. Si, por causas de fuerza mayor —llámese lluvia, aire o contingencia imprevista—, se había que hacer en el local de la carnicería, el retumbe era casi imposible de soportar, dado el reducido espacio y elevado número de asistentes.

Bueno, bueno… la plaza ya empezaba a llenarse.

Las partituras eran puro adorno estético, no solo porque se sabían de carretilla las canciones, sino porque la luz de los atriles se resumía a una triste bombilla de bajo voltaje y, en el peor de los casos, ni las había. Y es que, a ser veraces, ni las miraban en la plaza ni las veían en la carnicería.

(Por aclarar… la carnicería era el local municipal que se usaba de fresquera por su baja temperatura. Estaba situado en la planta baja del ayuntamiento junto a las escuelas, y estaba habilitado para repartir la carne a la gente del pueblo en temporada de primavera y verano. En caso de emergencia o de necesidad, lo mismo se usaba para almacenar piñas, hacer baile, usarlo de tanatorio o realizar una autopsia.)

Ya andaban afinando los instrumentos, y los mirones ya se arremolinaban, cercando el diminuto escenario. Las mozas ya tomaban posiciones, y la chiquillería se divertía jugando al ratón y el gato.

La experiencia en el oficio les ayudaba a ganarse a los fans a las primeras de cambio con cuatro piezas bien bailables. Siempre mantenían en vilo al personal hasta el final, a base de dar en cada momento lo que la gente solicitaba, y como colofón a la jornada, siempre se despedían con la consabida *raspa* y el conocidísimo *poyo*.

Tanto el poyo como la raspa eran dos piezas de bailes populares y tradicionales de la comarca. Antiquísimos en su concepción y variados en su interpretación. Su ascendencia medieval denota una cierta similitud con los bailes clásicos por parejas que se celebraban en los castillos y su posterior introducción entre la gente popular.

Hoy por hoy se sigue bailando, aunque más mal que bien.

El poyo era… tiritoti, tiritoritotito, tiritoti, tiritoritoto. La raspa… tara, tara, tara, tarara, tararara, tara.

¿Te suena…?

Bueno, si quieres, le pongo música.

Aunque mejor será que te lo cante.

Y si quieres, te lo bailo.

Bueno, cuando nos veamos, me lo recuerdas.

Y no es que fueran los únicos músicos y exclusivos del pueblo. Años antes ya se contrataban parejas o tríos donde se mezclaban los instrumentos de cuerda y de aire. Cuantos más años atrás, más de cuerda, y casi siempre de los pueblos limítrofes: músicos sin profesión que rasgaban sus guitarras o bandurrias con la única intención de entretener al personal.

Yo, de música me hubiera gustado saber y aprender, pero la verdad es que no entiendo ni papa. No hay mejor cosa para quedar en ridículo que ponerse a hablar de lo que uno no sabe ni entiende. Conozco las notas y no mucho más, y eso que mi padre nos solía amenizar más de una noche con un **laúd** que tenía de no sé cuándo y que, según contaba, en sus tiempos de mozo hacía dúo con el tío Gabriel que tocaba la guitarra, para hacer algo parecido a un baile.

De música sé poco porque me obligaron a aprender en el colegio, y ya se sabe que cuando una cosa se hace por obligación no suele ser a gusto del consumidor. El do, re, mi, fa, sol, la, si, do aún tira que te vas, pero cuando entramos entre corcheas, semicorcheas, negras y blancas, la partitura se iba al traste al compás de mi torpeza y de mi poco interés.

Que yo recuerde, por aquellos años en que estaba en el colegio, se tocaban canciones del año de la pera. Los pasodobles, boleros, tangos, chotis, etc., son a oído de zagal lo que más me suena, aunque ya un poco mayor, como bailarín, se iba imponiendo la canción española en general.

Y como viene a cuento, la música era, a fin de cuentas, una excusa para pasarlo bien y juntarse un rato. No se reparaba en demasía la calidad, sino la cantidad de canciones que tocaban y el tiempo que duraba la fiesta.

Casi siempre primaba *(que no por ser primos casi todos del pueblo era cosa de familia)* el baile por parejas, para aprovechar el contacto físico entre ambos sexos y de paso exhibir los dotes de bailador, que en más de una ocasión proporcionaba al sujeto el no tener que ir pidiendo baile a las mozas, respetando su correspondiente turno.

Y resulta ser curioso que, en una sociedad tan machista como la de la época de la que hablamos, tuvieran que ser los hombres los que se tenían que rebajar al poder de las mujeres y acatar las decisiones que tomaran, a salvo de aquellas que se vieran presionadas por intereses familiares con convenios que les obligaran a bailar con fulanito o menganito. Y es que gran parte de los mozos se tenían que dedicar al **pedigüeñeo** para poder pasar gran parte de las fiestas.

Y lo bueno o lo malo es que por aquí todo el mundo se conoce más que de sobras, bien por relación de parentesco o de amistades de padres, abuelos, bisabuelos o antepasados. Que si éste es de fulanito, ésta de menganita, aquel es de los cuales, ése de los tales, que si viene de tal o de cual, o se casó con Pascual. Al fin, todos medio familia y tan contentos.

Y la moza se veía obligada a bailar o a quedar mal con los familiares.

El baile derivaba en muchos casos en juergas, casi siempre en grupo y con la colaboración de la mayoría de los mozos. Las mozas sabían que cuando se llegaba a esta situación, la cosa no iba por buen camino, y lo mejor era separarse del follón y montárselo ellas por su cuenta.

Mejor ponerse a cubierto y dejarlos solos y en paz, porque si te cogen por medio no responden de sus actos. Ahí van…

Como trompos rodaban
Embriagados en alcohol
Vociferando cánticos
Sin ton ni son.
Salto que salto
Bote que bote
Y el que no lo haga
Ya no es machote.
Vuelta que vuelta
Bote que bote
Y el que no lo aguante
Es un cipote.

—¿Qué había algún **piquerano** que venía porque iba detrás de alguna moza del pueblo?

—Sabido es y cierto.

—¿Y que había alguna moza del pueblo que se **pirriaba** por algún piquerano?

—Más que cierto.

—¿Y que a veces todo quedaba en aguas de borrajas?

—Sálvese quien pueda.

La cosa es la cosa; el caso es que hubiera fiesta, y como dicen por aquí con cierta frecuencia: «La fiesta la hacen los de fuera». Cuantos más seamos, mejor, y sean de donde sean y vengan de donde vengan. Que no sería elegante el ocultar la preferencia que han tenido las mozas de Adobes por los piqueranos. Que se sepa, en todos los sitios crecen cardos, y no solo en Adobes.

Hay un refrán que dice…

(La cita es de Camilo Cela y referido a los pueblos del entorno)

En Piqueras nació el hambre
Por Adobes pasó
En Tordellego hizo noche
Y en Setiles se quedó.

Visto lo visto, Adobes no anda tan mal.

El sol iba bajando, y la tarde cada vez se hacía más agradable; la gente ya empezaba a salir de sus casas, y el pueblo otra vez daba apariencias de estar en fiestas. Algunos ya reclamaban la presencia de los músicos, a la vez que los chiquillos no paraban de corretear por la plaza del Portalillo jugando al corre que te pillo.

Por el poniente, el camino viejo de Piqueras venía en polvareda, y por la carretera, a la altura de la ermita y de la boca del Arenal, se presuponía otro batallón de visitantes.

El ambiente de la calle crecía por momentos como la espuma; a la ziburrería de chavales se unían chavalas, mozas, mozos, zagalindrones, novios, matrimonios, invitados y hasta los más viejos del lugar. Todo el mundo se había echado a la calle, y todos pendientes de que la música empezara a destilar un pasodoble.

Por el sur, los de Alustante eran más escasos y además más señoritos. De siempre se habían sentido líderes de la comarca. Por el este, de Tordesilos, los justos y a su vez familiares obligados a venir. Y por el norte, los de Tordellego: pocos, mal organizados y con poca querencia por parte de los adobanos.

Hoy era la carrera. Hora de rivalidad entre los mozos.

La música ya estaba a punto.

Los músicos, pendientes de la hora y de las autoridades.

Los mozos, pendientes de las mozas y del baile.

Las mozas, fisgando entre los mozos.

Todos pendientes de que empezara a desfilar la música hacia el Collado.

Todos a ver la carrera.

Eran las seis y media de la tarde
Hora de atletas y de valientes
El sol encapotado en azul cielo
Enjaizado en gritos y vítores.

Rompe la música el murmullo
La comitiva avanza
Mujeres con niños
Mozas y abuelos.

Ya parten los mozos
Calzón al viento, arremangados
Prestos a salir
Descalzos y encabritados.

Arranca la espera en la dehesa
Rompe por el arenal
Adelanta en la ermita
¡Ay, si no llegara…!

Arrecian las salvas en el costerón
Dudas del corredor
Un poco más ¡que ya está!

Resuena el tambor
El pueblo que aplaude
Y aclama al vencedor.

Podría contarte que aquel año ganó tal o cual, que algunos repitieron varias veces, que en ocasiones se llevaron la primera los forasteros, que algún que otro no pasaba de ser segundo, que siempre eran los mismos los que ganaban, que iban de unos pueblos a otros con tal de quitarles el primer puesto a los del pueblo, que hasta había empujones y trampas para ganar, que…, que no era esa la cuestión, sino el hecho de que se celebrara dicho acontecimiento y lo que significaba para la fiesta.

Podría contarte que…

No cabe duda de que cualquier hazaña estaba bien vista por pequeña que fuera, y el ganar no dejaba de ser un orgullo y reconocimiento para la persona y para el propio pueblo que representaba. Por estos lares, las cosas se agrandan o se empequeñecen en función de la opinión popular y la repercusión que tiene fuera.

Que, vista la carrera in situ, recordaba fielmente las reminiscencias de la antigua Grecia, tanto en su desarrollo como en la **parafernalia**, con la aclamación y su laureo popular. El hecho de realizarse con los pies descalzos y en calzones era el fiel reflejo de las antiguas representaciones de las culturas olímpicas.

Para un corredor, su mayor satisfacción —más que la cuantía del premio a recibir— era poder llegar a tocar el pincho en primer lugar. Hasta el año siguiente sería el poseedor de la gesta, y quién sabe si al repetir no pasaría a la posteridad. Que las voces por los pueblos corren a la velocidad del viento.

En el caso del pueblo de Adobes, la gente se agolpaba entre la cuesta del transformador y el Collado, donde se encontraba la meta y el mencionado pincho que debían tocar para ser ganadores.

Y sobre todos, a ambos lados de las cunetas del camino, se apostaban las mozas con ocasión de poder disfrutar de la vista de tan apuestos y despojados adonis.

¿Quién sabe si el azar hizo a más de una tener que cerrar los ojos o girar la mirada ante semejante improperio?

Porque calzones hubo que no tuvieron ningún pudor en enseñar sus encantos.

—¿Has visto?

—¿Qué?

—Aquel se le ve todo.

—Todo… casi todo.

Dicen que suben los encantos
Tan asfixiados por la cuesta
Que se veían obligados
A salir a respirar
Para ganar la apuesta.

Que a trote descompasado
La bragueta del calzón
Abría su ventanita
Para mostrar sus poderes
Ya fuera pito o cojón.

Como badajos se movían
Para dar la campanada,
¡Ay de aquel que no sonara!

Mejor no pasara de la ermita
O no tomara la salida.

Que si a la moza alertara
Aunque no fuera el ganador
Vencedor podría darse
Incluso llegar a ser el mejor.

Y la pícara moza que lo descubrió
Su ansiada mirada en él fijó.

Podía tener yo diez, doce, e incluso alguno más. Con esa edad, debía andar detrás de los músicos o tal vez estorbando a la comitiva que regresaba hacia el centro del pueblo. Por aquellos tiempos, no era habitual el tener la ocasión de ver una banda de música por estos pueblos, y el simple hecho de poder acercarte al tambor o al bombo te llenaba de satisfacción.

Y con esa misma edad, la fiesta representaba para toda la ziburrería unos reales con los que comprar cuatro caramelos y dar media docena de vueltas alrededor del baile, sin más pretensión que pasar el rato.

Con los últimos comentarios de la carrera, la comitiva ya avanzaba a la altura de los árboles del tío Patricio, y la afluencia de público al Portalillo llegaba en procesión destartalada. Apenas cuatro autoridades guardaban la compostura, respetando los pasos de los músicos, que por momentos cambiaban de aires, dando al ambiente un tono más festivo, rompiendo con unos pasodobles españoles. Las mozas, seguían la comitiva apelotonadas del bracete, haciendo

escondicucas y cuchicheos sobre lo visto en la carrera y preparando la estrategia cara al baile venidero.

Alrededor del olmo y de la barbacana de la plaza ya se agolpaban los mozos y mozas de los pueblos vecinos, en especial de Piqueras, a la espera de que llegara la hora de empezar el baile y, a poder ser, de parejas. Las primeras miradas hacia los presuntos bailadores o bailadoras se cruzaban en un silencio a voces; puede que hasta alguno o alguna ya se sintiera comprometido o al menos deseado.

¿Qué si había recelo entre los mozos del pueblo y los visitantes? —Eso era más que evidente y latente. Yo diría que hasta histórico.

Desde siempre se mantenía una cierta rivalidad con los piqueranos, y como siempre, los adobanos no estaban dispuestos a permitirlo. Y a todo esto, ya había un grupo de adobanas dispuestas claramente a irse a bailar con los piqueranos. El cuchicheo entre unos y otras ya rondaba por toda la plaza, y la música renqueaba por empezar.

En vista de que no se podía empezar a dar vueltas con pareja de baile, se optó por tomar como suplente un garrafón de vino y pasarlo de boca en boca para animar el ambiente y servir de apagafuegos a aquellos mozos que de antemano ya sabían que iban a tener calabazas de la moza deseada.

El vino poco a poco iba envalentonando a los mozos.

El sol los acaloraba.
Los saltos el polvo levantaba.
Las mozas en la pared se refugiaban.
Los mozos que las achuchaban.
Los forasteros que aguantaban.
La música que no empezaba.

Y…

—¿Has visto cómo está esa?

—¡Fíjate en aquella otra!

—Y a aquella se la comen todos.

—¡Madre mía, cómo está el ganado!

—¡Madre, quién la pillara!

—Pues será cuestión de probar.

—Y si hay calabazas…

—Pues qué se le va a hacer.

El garrafón seguía dando tumbos de punta a punta, levantando cada vez más polvareda. Los mozos encabritados hacían que los espectadores se tuvieran que refugiar donde podían para librarse de sus gamberradas.

La pared del Portalillo ya había cubierto el cupo de asientos. Todo era cuestión de minutos, y de allí no se movía un alma a pesar de los zarandeos de los mozos con su garrafón.

Maricón el que no salte,

Maricón el que no salte,

Maricón el que no salte,

Maricón…

Y dale que te pego.

Y casi nadie se movía de su sitio a pesar de la polvareda.

Como la soleada tarde permitía el baile en la plaza, tuvo que amilanarse la polvareda con unos baldes de agua, pues el vino de los garrafones apenas podía contener el de sus propios y desbocados saltos.

Ahora sí que estaba cerca la apertura del concierto. Y además en la plaza. Lo que quería la gente.

No es que fuera ninguna sorpresa el que se tuviera que meter la música a la carnicería; era tan frecuente como previsible que en esta época del año se desencadenara alguna tormenta de improviso y te mandara la fiesta a hacer puñetas.

Puede que fuera unos años atrás —yo debía rondar por los… cuando uno era un chaval de mierda—, pero es tan cierto y verídico que, siendo el segundo día de fiesta, cuando al salir del salón de la carnicería vi cómo caían copos de nieve. Estaba nevando en serio, y eso que era la primera semana de septiembre, que ya es decir. Y es que un servidor está acostumbrado a vivir entre tasco y tasco de nieve y ya no deja de sorprender si se dan en tan raras circunstancias.

El caso es que la tarde que nos ocupa lucía el sol tanto que la fiesta resplandecía como hacía años.

La gente seguía expectante…

La polvareda ya apaciguada a base de cubos de agua, los músicos terminando de afinar los instrumentos, y la impaciencia de la gente se extendía por la plaza. Todo era cuestión de segundos.

Tras unas tenues notas avisando que todo estaba a punto en la banda, se hizo un silencio sepulcral.

Todo el mundo expectante…

De pronto…

El estallido de notas inundó la plaza del Ayuntamiento como nunca antes se había sentido.

En realidad, a salvo de la misa, ahora era cuando empezaba la verdadera fiesta. El momento que todos estaban esperando desde el año anterior, el día en que se olvidaban todas las penalidades pasadas durante toda la época de recolección.

Era la fiesta grande por antonomasia.

Y rompió la música por pasodoble. Y como el que no lo quiere, se lanzaron al ruedo las parejas ávidas de baile, empezando por aquellas ya casamenteras y seguidas por algunas parejas de mozas impacientes de que fueran a sacarlas a bailar los mozos que andaban algo dubitativos.

A la segunda pieza se unieron el doble.

A la tercera el triple.

A la cuarta ya bailaba todo el mundo.

A estas horas de la tarde, y a pesar de la polvareda que se empezaba a levantar de nuevo, se permitían el poder acercarse hasta los más viejos del lugar, aunque fuera para echar cuatro pasos y recordar sus tiempos de jóvenes.

Y es que entrada la noche, la cosa se calentaba con el vino, y el fresco a veces obligaba a meter el baile dentro.

La orquesta iba desgranando el repertorio de piezas al son de peticiones de unos y de otras; la penumbra iba convirtiendo la tarde en noche, y el fisgoneo y cuchicheo de la barbacana del Portalillo cada vez se hacía más descarado y evidente.

¡Sálvese quien pueda!

De ese jurado popular no se salva ni zarapito.

—Mira aquellos…

—Mira fulanito.

Las miradas seguían tan atentas a cada pareja que, ante la escasez de luz, las cosas se veían mucho más claras.

—Parece que se la va a comer.

—Ya te decía yo que…

Las parejas, ante las miradas incesantes, se escabullían huyendo a los rincones más recónditos de la plaza.

—¡Anda, lo mismo piensan que no los vemos!

Mientras algunos escondían sus pasos del baile entre la muchedumbre —por aquello del qué dirán—, otros pavoneaban sus pases rozando la barbacana para obligar a los mirones a que desistieran de su actitud y se fueran a hacer puñetas de allí.

Los que no bailaban nunca, ni tenían intención de hacerlo, se montaban la fiesta por su cuenta a base de bebida y a dar saltos como caballos desbocados, jodiendo a todo bicho viviente.

El **resensio** fresquito de la noche no parecía afectar lo más mínimo a las acaloradas parejas que estaban dispuestas a agotar las energías de los músicos; nadie se acordaba de la hora de la cena, ni la echaban de menos.

Dos piezas de arrebato dieron a entender al personal que el primer turno de baile se daba por concluido.

Los forasteros ya hacía rato que intuían la última pieza. La hora del reloj no se equivocaba. Unos ya se apresuraban para volverse a su pueblo e incluso con intenciones de volver a pasar el resto de la verbena.

Los más vagaban por las inmediaciones en busca de que algún caritativo del pueblo se dignara a ofrecerse como acaudillado de huéspedes.

Y de golpe…

Chim-pum.

Todos se pusieron de acuerdo.

—¡Ni hablar!

—Otra.

—O siguen tocando o van al pilón.

(Aquí todo se resuelve con el pilón.)

Los músicos aceptaron una.

(No les quedaba otro remedio.)

Unos cuantos reclamaron otra.

(Esta sin pilón.)

—Y la raspa.

—Y el poyo.

Cada cual ya reivindicaba lo que quería.

La anarquía era total.

De pronto sonó…

Tirirori, tiriroriroriro, tirirori…

El revuelo se apropió de la plaza.

Mientras unos saltaban, los más se retiraron para evitar males mayores.

La polvareda invadía la noche.

El desorden y el caos imperaban por todos lados.

La gente ciega.

Y… chim-pum.

Se acabó.

Músicos, instrumentos, atriles, luces y demás parafernalia se esfumaron entre sombras. Se tenía que acabar y se tenía que cenar. Algunos ya no andaban ni para cenas, ni para tenerse en pie.

Los más —en su mayoría mozos— aún se acercaban al bar a echar el último trago con tal de intentar arrastrar a algunas mozas y comprometerlas para la segunda sesión de baile. En cuadrilla era posible y hasta permitible, pero si la cosa no pasaba de dos y en mesa separada, iban a llevar razón lo que cuchicheaban las viejas fisgonas de la barbacana.

Noviazgo a la vista.

¿Y si al final fueran ciertos los rumores?

Los que se quedaron sin razones fueron la cuadrilla de forasteros que permanecían por la plaza pensando cómo solucionar el tema de la cena. Mientras unos buscaban la fórmula mágica, otros ya andaban con el jersey a cuestas por el Collado camino de Piqueras.

La manera y la forma de solucionar el tema de la cena se la proporcionaron los propios mozos de Adobes, llevándose cada uno a cenar a su casa a los que les tocara en suerte o en gracia. No era la primera vez que así se hacía, ni sería la última.

En ciertos casos, lo valiente no quita lo cortés.

Y siempre quedaban unos cuantos sueltos sin cenar.

—Lo sé porque, aparte de que siempre le tocaba alguno ser el marginado, yo por suerte lo podía comprobar in situ ya que estaba en la casa del bar, y más de uno se juntaba a comerse unas latillas de sardinas en escabeche mientras la gente se recogía en sus casas. Que bien lo sabían mis padres, y para eso estaban preparados.

Luego, a postres pasados, cuando la cosa ya no tenía remedio, incluso les echarían bronca por no haber acudido a cenar a casa de fulanito, y más tratándose de ser hijo de menganito de tal.

Por estos pueblos, uno puede quedarse sin cenar si no tiene ganas o si le da la gana. Que haberlos **hailos**, pero que sin vergüenza seguro que no.

Y que los había con vergüenza, por supuesto, más de dos y más de tres.

Peor para ellos.

¡Espabilar…!

Y ahora me viene a cuento…

Que conste que no es cuento.

Lo que oí en cierta ocasión y que debió ocurrir hace años, más o menos cuando los de la edad de mi padre eran mozos en tiempos de merecer, de la quinta del cuarenta y pico o algo más. *(Ahora te toca adivinar por qué tiempos nos movemos.)*

Y cito…

Según parece ser, habían ido una cuadrilla de mozos de Adobes a las fiestas del vecino pueblo de Alcoroches *(es un suponer)*, y como diera el caso de que los bolsillos de los pantalones por aquellos tiempos llevaban más agujeros que un queso gruyere *(entiéndase ni un chapín)*, y como las tripas a ciertas horas de la noche se aliaban con la picaresca para matar el hambre, pues ocurrió lo más normal del mundo, o sea… buscar la manera de cenar de la forma más sencilla y barata.

Y sigo…

Pusiéronse de acuerdo en ir a dos casas a la vez y hacerse pasar por invitados del mozo de la casa. ¡+*(Pensado con la cabeza estaba.)*

Deberían subir a la primera planta y presentarse en el comedor como invitado del supuesto mozo, que se había quedado echando de comer a los animales en la cuadra.

(Y con mucha cara dura.)

¿Se atreverán…?

—Toc, toc… pom, pom…

—¿Quién va?

—Aquí que venimos…

—Pasen.

—Que nos ha dicho que vayamos subiendo.

(¡Vaya jeta!)

—¿Quién?

—El mozo.

Y continúo…

Que la suerte fuera que no hubiese o hubiera mozo en la casa… Puestos al caso y al engaño, por estos lares a nadie se le niega un chusco de pan o una sopa caliente, y si el azar hiciese o hiciera que lo hubiera o hubiese y estuviera por llegar… Puestos a esperar, mejor en la mesa y con plato, no fuera o fuese que al llegar no hubiera reconocimiento por parte del mozo, y una vez puestos en la mesa, cuanto antes llenar la andorga, mejor que mejor.

Y si hubiera sido así —que así cuentan que sucedió—, fueron unos de Adobes en Alcoroches y con más jeta que mamón.

Y puestos a contar…

Y a este servidor que escribe… (por cierto, debería repasar y rectificar la frase anterior, pero como las "h" son mudas, te las comes tú) también le pasó algo parecido y en el mismo pueblo. Hay testigos, pero eso será para pasar rato de cachondeo.

Mejor volvemos al baile.

En estos mismos tiempos y de antecesores, oído por comentarios de gente mayor y hasta de ultratumba, el baile debía limitarse a danzar con cuatro saltos con la ayuda de bandurrias, flautas y tambor. El resto lo hacían unos pucheros de vino del Bajo Aragón o unas copas de cazalla o un buen alcarreño.

Y no es que mi florilegio en cuanto a tradiciones orales sea de lo más extenso; muy al contrario, apenas cazo algún gazapo cuando consigo meter la oreja, e incluso la jeta, donde no me llaman. Que provocar a más de un viejo a que se suelte la lengua en algo interesante ya se intenta, pero no siempre se consigue que entren al juego del relato y mucho menos que se tiren al ruedo, que si de torearte se trata, debes andar con mucho catalejo o de lo contrario te coge el toro.

Puede que alguno de estos gazapos los cazara yo en uno de cualesquiera descansos que se hacen en el baile, o a la espera del turno obligado concedido por la moza. Son aquellos momentos en que uno se refugia sobre las paredes para recuperar el aliento y tiene la suerte de caer al lado de una persona mayor.

Y cuento…

Recuerdo que en una ocasión me dijo un viejo del pueblo que en sus tiempos de mozo disfrutaban más con un puñado de cacahuetes y un chato de vino que ahora con toda clase de adelantos, músicas y orquestinas. (Ya ves tú, a fin de cuentas podía haber una cincuentena de años de diferencia, y si nosotros estábamos en la Edad Media, ellos estaban en la prehistoria.) Cosas de mentalidad.

Y también recuerdo que me decía que para ganarse a una moza y poder acercarse a ella, antes tenías que hacerte un hombre de pelo en pecho y, sobre todo, tener el consentimiento del entorno familiar. Y seguía… no como ahora que van las mozas detrás de los mozos provocando.

Seguro que llevaba muchísima razón. No había por qué quitársela, y más con el énfasis con que lo decía. Razones debían tener también los mozos y mozas de ahora para actuar como lo hacen. Y el caso es que el puñetero anciano estaba viendo cómo su nieta iba detrás de un jovencito más que apañao, y no solo lo veía bien, sino que asentía y hasta aplaudía el que se llevara el gato al agua.

El reloj de la plaza, que por derecho pertenecía a la iglesia, no daba las horas porque hacía años que se le había acabado la cuerda. Debían ser las once y pico de la noche, y muchos del pueblo aún andaban a medio cenar; la música estaba a punto de romper de nuevo, y unos pocos seguían bebiendo sin saber ya dónde estaban. Ni se acordaban de ir a cenar o no encontraban el camino a casa.

Ya se sabe que… en una ocasión el fulanito de tal cogió una cogorza el primer día de fiesta que tuvieron que hacerle el camino en volandas a casa y que apareció al tercer día. *(A cualquiera le puede pasar, hasta Jesucristo resucitó al tercer día.)*

Y que se sepa… de una noche, de noche entera, de un día y hasta de dos se daban varios. Algunos con título de reincidentes, y los más por no pasar el examen de primerizos, suspender algún curso intermedio o la entrada de mozo.

En esto de cuestiones de bebidas, hay sus más y sus menos. Por apología a la tradición, siempre se ha dicho que los tal o los cual de pueblo vecino, que si beben más o aguantan menos y que si lo saben llevar mal o bien. Que el presumir de beber en esta zona del Señorío hasta puede magnificar a la persona y la hace más hombre; seguramente sirva como excusa y tenga la culpa la altitud a la que estamos, las bajas temperaturas que soportamos y la proximidad a los fuertes y recios vinos del Bajo Aragón.

En realidad, y a fe de ser sinceros, los proveedores de vinos a este pueblo no eran del Bajo Aragón; muy al contrario, que yo sepa, desde siempre servían de Añiñón y de Alarba. Dos pueblos ubicados allende por las faldas del Moncayo.

Que las verdades se distorsionan a gusto del consumidor. Es evidente, lógico y hasta entendible. A buen catador, con un trago de vino sobra.

De siempre, cada pueblo presume de ser el mejor en todo y sus vecinos comparativamente mejor que los de al lado. Que por hablar…

—Que dicen que los de Tordellego solo beben gaseosas cuando vienen a la fiesta de Adobes.

—Será porque no dejan perras en el bar.

—Invítales y verás cómo tiran de cerveza y whisky.

—Que los de Piqueras alardean de beber mucho y bueno.

—Se lo saben hacer y aparentar.

—Si los de Tordesilos… empedernidos en vino.

—Si de los de Alustante… con dos bastantes.

Y no será que lo dice el tío Vicente.

Podía ser.

Y rompió de nuevo la música.

Las estrellas se estremecieron tanto o más que las hojas del viejo olmo de la plaza. Las estridentes notas volaron por encima de los tejados, llegando a los confines del término del pueblo.

Los cencerros de los ganados que merodeaban por los aledaños de las casas dejaron de oírse, y unos perros no acostumbrados a semejante alboroto huyeron hacia el Cerro lanzando aullidos.

Por la plaza rondaban unos chavales que se habían escapado de casa y que, a falta de unas perrillas, se dedicaban a zigzaguear entre el personal jugando al ratón y el gato.

Los mozos, por su parte, seguían dando sin ton ni son como caballos desbocados con un garrafón emborrachado en alcohol. Sus cánticos delataban bien a las claras que eran los que iban a entrar en quintas en el año venidero, los mismos que habían llenado la pared del trinquete con alegatos de su incorporación a filas.

A estas horas de la noche, la fiesta ya casi estaba borracha. La excepción la ponía el tío Vicente para hacer el agosto —y nunca mejor dicho—, porque aun estando en septiembre, los ahorros eran del mes anterior, que aprovechando el mal gusto de boca que llevaban algunos, reducía la dosis o incluso las aguaba con cualquier cosa que saliera de la garrafa. La pela es la pela, y para eso estamos de fiestas patronales.

El desgrane del repertorio se repetía a cada descanso que se hacía; los músicos cada vez repetían más las canciones que la gente pedía, y que no eran otras que aquellas que se prestaban a mostrar las dotes de buen bailador.

—¡Madre mía, que si los había!

—No digo nada cuando tocaban "La Campanera".

—Mejor me callo.

—Te suena…

—Tiriroriro, roriro, roriro, roriro, rorirori…

Allá que van…

—Había parejas que casi flotaban en el aire.

—Casi estoy por decirte que había noviazgos que se les suponía solo por estas fechas con tal de tirarse bailando toda la fiesta juntos.

Cuanto más se atolondraba la gente, mejor tocaba la música. Y los músicos, dale que te pego.

Y no siempre el baile era en la plaza, donde podías explayarte a tu gusto haciendo todo tipo de cabriolas, verónicas y remolinos. A veces había que meterse en la carnicería por imperativo oficial.

Yo debía ir por los dieciocho —aunque pudiera ser otro de la misma edad o unos años antes o después—; lo único que cambiaría podría ser la banda de música, la moda en el vestir, el tipo de bebida a tomar y no mucho más. La fiesta seguía siendo en la misma fecha y con la misma Patrona de siempre.

El pequeño local de la carnicería no estaba muy seguro de poder dar cabida a todos los que esperaban por la plaza. Sus apenas cincuenta metros cuadrados se tenían que repartir a centímetros para poder dar gusto a todos, incluso a los mirones tradicionales que se pegaban como lapas a las cuatro paredes. También es verdad que más de uno se llevaba algún coscorrón o pisotón intencionado por parte de los mozos.

Los mozos, por su parte, y aprovechándose de tan parco espacio, seguían reivindicando con sus gritos y saltos su prepotencia hacia los forasteros que se tenían que arrinconar para no verse atropellados por los constantes y descarados empujones.

El ambiente se hacía intranspirable debido al polvo que se formaba con tanto salto, y la diminuta ventana que daba al Ollazo era incapaz de evacuar semejante polvareda. La puerta de acceso se veía obligada a denegar la entrada a todo el que se acercaba, y hasta los mismos músicos se negaban a seguir tocando con tal barahúnda.

Tuvieron que ser los propios mozos los que pusieran remedio al asunto con unos pozales de agua. Si la cosa estaba fea con el polvo, al tirar el agua se armó un chocolate en el suelo de mucho cuidado. Esta técnica de riego era una norma de urbanidad tradicional y reglamentaria para estos casos. A cambio de polvo, oxígeno y **gachupe**.

Horas después, cuando el baile se daba por acabado, los pantalones mostraban bien a las claras en sus partes bajas los morritales achocolatados de semejante riego. ¡Viva el gachupe!

La impaciente gente que se agolpaba en los aledaños de la puerta ya se prestaba a dejar un pasillo para que los músicos pudieran hacer su entrada triunfal a sus atriles. Una pequeña tarima colocada en un rincón les esperaba como escenario y platea para sus instrumentos. Una única bombilla puesta ex profeso para tal evento se las veía y se las deseaba para dar unos rayos de luz a las partituras.

Aprovechando la incidencia, muchos aprovecharon para acercarse al bar a echar un trago, y muchos más a irse al callejón a echar una meada.

La impaciencia en la calle duró escasos minutos; no dejaron ni que se orease el pavimento del local. Todos de golpe y en batallón volvieron a llenar de nuevo la carnicería a reventar. Ya no se podía ni saltar.

Los músicos aligeraban todo lo que podían para acoplarse en tan raquítico sitio. El saxofón se hermanaba con la trompeta, el acordeón con el saxofón, y el tambor y los platillos con el acordeón. Toda una orquestina.

La hora de empezar, a punto de llegar.

El cuchicheo de la gente quedó ensordecido cuando rompió la música por peteneras. Las vueltas del techo se estremecieron con la explosión de tanto decibelio. Y menos mal que la ventana no tenía cristales, porque de lo contrario hubieran ido a parar a las Ollas.

Los pocos que quedaban por la plaza, al oír semejante estropicio, se abalanzaron al local, quedando la carnicería llena hasta las cachas. Ya no cabía un alma más. Ahora podía decirse que estábamos como sardinas en lata.

¡Y menos mal!

Ya muchos de los pueblos vecinos se habían dado por enterados y se habían ido, o visto lo visto, no les quedaron ganas de seguir porque así no había manera de echar un baile como Dios manda.

En cualquier caso, los del pueblo tenían preferencia de entrada. No era la primera, ni sería la última vez que echarían del baile a los forasteros a **tamarazos**.

—Y si no, que se lo pregunten a…

—Mejor no te lo digo.

Debían ir los músicos por la sexta o la séptima del repertorio. Era un pasodoble o pasotriple que se bailaba a ritmo de chotis, más que nada por el espacio que había para las parejas.

Allí no había quien se moviera.

Y de momento, ¡zas! La luz.

Un griterío se levantó como si de algo grave pasara.

—Los plomos… seguro que han sido los plomos.

—Ya empezamos.

Un olor a mosqueo indicaba que algo raro estaba pasando.

—¡Qué mala leche!

Eso parecía decir uno que llevaba un rato para poder coger turno de baile con la moza deseada.

El griterío de las mozas se confundía con el jadeante vociferío de los mozos. Cada cual expresaba su parecer en función de la aprobación o desaprobación de la situación. El hecho es que la mayoría de las mozas buscaron desesperadas la puerta de salida como huyendo de la quema.

Y entre tanto arrebato…

—¡Sinvergüenza!

—¡Marrano!

—Debió ser que una mano tonta se escapó donde no debía.

—¡Cerdo!

Nunca más se supo del autor, y más a oscuras.

—El lucero, ¿dónde está el lucero?

El cachondeo se unió al unísono entre los mozos. Los mozos, que se lo sabían de memoria…

El lucero, ¿dónde está?
Donde estará el lucero
El lucero, ¿dónde está?
Que lo vayan a buscar.

Pasaron uno, dos, tres, cuatro…

Y se hizo la luz.

Las mozas rompieron en salvas:

¡Biennnnnnnn…!

Y continuó la música por pasodobles.

Y se recompuso la situación.

Y tocaron unas cuantas piezas más.

Y…

Tuvieron que ser unas rancheras las culpables de que se desbaratara medio escenario donde actuaban los músicos. Y es que una pareja de baile que andaba corriendo más de la cuenta con el corrido mexicano, en su afán fue a parar en medio de la tarima.

Cosa de ná, **pecata** minuta, azares del baile.

Pasaron una, dos, tres, cuatro…

La noche avanzaba…

De los pasodobles se pasó a los valses, y de los remolinos al apretao.

Eso era lo que estaban esperando los mozos.

Y un apretao chotis hizo que subiera tanto la tensión en la sala que tuvieron que llamar al lucero por segunda vez. Y ya se sabe…

¡Sinvergüenza! Has sido tú.

¡Plofff!

¡Vaya torzazo que se llevó!

El tortazo fue tan grande que salieron chispas en medio de la penumbra.

Solo el interesado sabe cómo le dolió.

Pasó un ratillo…

Uno, dos, tres…

Y se hizo de nuevo la luz.

A la mayoría de las mozas que quedaron en el salón se les cogió en posición de autodefensa. Vamos, por instinto natural. Seguramente a más de un mozo se le había escapado la mano hacia la entrepierna u otras partes blandas de su anatomía. Vamos, por instinto animal.

En ciertas circunstancias, mal bien escasas y muy limitadas, la tentación a la carne más que humana es carnívora.

Y si la tensión subía tanto que se fundían los plomos, pues era casi normal que ocurriera.

El caso es la cosa y no le demos más vueltas.

Y a todo esto, la culpa eran los plomos.

—Los plomos, han sido los plomos.

Eso decían los mozos para justificarse.

—Los mozos, han sido los mozos.

Eso decían las mozas.

—¿Y por qué puñetas tenían que ser los mozos?

—Eso digo yo. *(yo no, era otro)*

—Porque sí.

Eso lo decía la… guerrera y además de mala leche.

—Que no, que ha sido la tensión.

—¡La tensión, la tensión! Excusas.

La confusión era total. Todo el mundo se apuntaba a discutir. Unos acusaban a otros y estos daban explicaciones a los otros.

—¿Que no ves que hay sobrecarga?

—Ahora es la culpa de la sobrecarga.

—No le hagáis caso, que yo lo he visto.

—¿A quién?

—A ese, que quitaba los plomos.

—Ni caso, va medio piripi.

La noche se rehízo.

La temperatura subiendo.

El ambiente más que caldeado.

Algunas parejas combinaban el baile con la conversación; otras repetían más piezas seguidas de lo que era habitual con el mismo bailador; algunos mozos andaban mosqueados porque el turno de baile no les llegaba; el palmo reglamentario se empezaba a perder de forma premeditada; y la mosca cada vez se ponía más detrás de la oreja.

La temperatura iba subiendo cada vez más y el ambiente se ponía pegajoso y calentorro.

Y es que a estas horas de la noche, más bien de madrugada, el que más o la que menos no ponía demasiados reparos en que de vez en cuando se escapara la rodilla o el muslo un poco más cerca de la cuenta de la entrepierna o la pantorrilla. Hasta podía disimularse un eventual achuchón de forma fortuita.

Y llegado este punto, no es de extrañar que el continuado roce de la entrepierna o un simple braguetazo accidental fueran capaces de fundir los plomos.

Si antes lo digo…

¡Cataplom!

—Otra vez los plomos.

Y van…

—¿Dónde está el lucero?

Las mozas, que ya se iban conociendo el terreno a ciegas, se parapetaron en un rincón como estrategia para seguir la batalla.

A los mozos les daba igual que viniera pronto o tarde la luz. A fin de cuentas, la noche prometía y quedaba aún rato para disfrutar.

Como el lucero no aparecía, los músicos se inventaron unos acordes a ciegas que acompañaran al personal. Estos no dudaron en tomárselo de cachondeo.

Empezó cantando uno, le siguieron un montón:

—Verás la que se arma.

El lucero dónde está
Donde estará el lucero
El lucero no aparece
Que lo vayan a buscar.

Y se añadieron más y más.

Tirorirorirori…

Pasaron algunos minutos más.

Lo buscaron.

Y por fin apareció.

—Que han saltado los plomos otra vez.

Tras la consiguiente comprobación…

—Que no son los plomos.

—¿Pues qué…?

—Seguro que son los empalmes.

—¡Vaya hombre!, ahora resulta que son los empalmes.

—¿Cuál?

—Yo qué sé, hay tantos…

—Como mucho puede haber cuatro o cinco empalmaos. Hay perdón, me refería a los mozos.

—Menos cachondeo.

—No, si cachondos hay más de uno.

Tras la comprobación respectiva…

—¡Hala! ya tenéis luz.

En esto que interviene el músico que lleva la voz cantante. Bueno, lo de cantante es un decir porque lo que es cantar, cantar, más bien poco y a menudo desafinao.

—Se ruega al personal presente que tenga cuidado con los empalmes, que si no tendremos que volver a parar.

Ja, ja, ja.

Casi todos lo cogieron a la primera.

Y siguió el baile.

Y cuando mejor se estaba…

Chim-pum.

Seguro, en el momento más inadecuado.

Aquellas parejas que estaban en pleno paroxismo no les pudo llegar en peor momento. Por una vez que habían llegado casi al éxtasis, ahora van los músicos y paran la función.

En unos instantes, el salón de la carnicería quedó medio vacío, y aquella infortunada pareja no tuvo más remedio que buscarse un lugar entre el resensio de la madrugada. Si helado y agonizante se le había quedado el corazón, más triste se le vio cuando regresó al bar a redimir sus penas entre copas de alcohol.

El desdichado, a fin de cuentas, era el que más suerte había tenido; otros se tuvieron que conformar con poder coger a la moza de sus sueños un par de bailes como mucho, sin conversación que mediar, ni achuchón que pegar.

Que puestos a exagerar en cuestiones de amoríos, pocos eran los que podían decir que se habían ido al huerto; que por presumir, ni era la hora adecuada, ni el día más idóneo, ni las circunstancias las más favorables. El día de la fiesta es seguramente el de más vigilancia, y si alguna pareja se **esbarriaba**, era seguro algún guardia por la esquina.

Y si pensamos en los pajares, por estas fechas estaban atacaos hasta las mismas puertas, así que difícil ir a parar allí.

Que presumir por presumir, ya sabes, lo que tú quieras.

A la hora de la verdad, ná de ná.

Ni liáo, ni medio liáo, ni ná.

Porque con la imaginación…

Maravillas.

La que mejor sabe de esto es la Celestina. Y por aquí las hay y muchas, aunque no lo parezca.

Podríamos entrevistar a los Romeos y las Julietas. Incluso a los Calixtos y Melibeas.

A la hora de la verdad, los que mejor se lo estaban pasando eran la cuadrilla de mozos que habían desertado del baile y se montaban la fiesta por su cuenta en la calle. Algunos ya no encontraban ni la puerta del bar, ni sabían dónde estaban.

Y en el intermedio pasó lo que pasa siempre. Todos a mear.

Las meadas en tales circunstancias venían a durar más o menos como un pasodoble de unas cuarenta vueltas, y su longitud en metros o palmos hasta la mitad de la calleja. En litros es más difícil de determinar.

En tal supuesto, a la hora de calcular tendríamos que hablar de hectólitros. Si multiplicamos los visitantes de litro, medio litro o cuatro gotas por las docenas de meones, por la parte norte de la casa consistorial nos iríamos a parar a las Ollas, y si invertimos la dirección hacia los Quiñones, seguro que ya baja por la calleja.

De lo que deducimos la siguiente fórmula: $XM \times (1L + \frac{1}{2}L + 4g) = H$.

—Un poco exagerao.

—Parece mentira que lo digas tú, que estás cansado de ir allí.

Como ritual que era, cada cual cogió el sitio que pudo en el callejón y sus alrededores. Y no es que fuera el sitio más ideal para hacer aguas menores, pues normalmente sopla una ligera brisa y lo más fácil es que tu meada fuera a parar al zapato del vecino.

Lo ves…

—¡Vete p'allá, que me meas encima!

—¿Que dices…?

—Jo, ¿cómo huele?

—Sí, huele que **transmina**.

—No va a oler a flores.

—En todo caso a capullo.

Dentro del baile no se transminaba, pero le faltaba poco. Con tantas horas encerraos dentro y con tantísima gente destilando sudores por todos sus poros, más parecía un bache que otra cosa.

—¿Y qué es un bache?

—Mejor no te lo cuento ahora.

—Dame una pista.

—Que **guele** mal.

—¿Pero se escribe con "b" o con "v"?

—Como tú quieras.

Seguimos bailando…

Tras el intermedio reglamentario, el baile siguió con su ritmo habitual, tal vez con menos gente porque los últimos pedigüeños de turno a las mozas ya se habían hartado de tantas calabazas y se esfumaban cabizbajos y derrotados en su insistencia de tanto **rondiniar**.

—Otra vez que vuelve a preguntar.

—¿De qué…?

—¿Qué?

—¿Qué es eso de rondiniar?

—Chico, pareces tonto o has venido de la capital.

—Joder, me va a dar la noche con tanta pregunta.

En vista del ignorante palizas, me evadí del salón con la excusa de echar mi correspondiente meada. Era tarde, casi de amanecer; el fresco arreciaba, y la meada fue tan justa como reconfortante. Ni medio litro.

Un raro chim-pum alertó que la fiesta estaba a punto de terminar. Vano error, habían saltado de nuevo los plomos. En realidad, más bien debió ser algún empalme, que a estas horas tan impetuosas no era extraño viendo cómo estaba el ambiente.

El caso es que el ritmo se rompió. La hora ya lo reclamaba y los músicos habían acabado con todo el repertorio y no sabían qué tocar. Visto lo visto, despacharon un popurrí de no se sabe qué y dieron el baile por acabao.

¡Y anda que tardaron mucho en saltar…!

—¿Y la raspa y el poyo, qué?

No se lo pensaron dos veces. Sabían que era inevitable prescindir de ello.

La barahúnda se armó de nuevo y todos quedaron tan contentos.

Mientras unos saltaban, aquellos privilegiados que tenían reloj de pulsera miraban las manillas para saber si era hoy o mañana. Bueno, ya sabían que era hoy, pero de qué día.

En medio de la polvareda, la gente quería saber su ubicación. Unos ya se miraban:

—Tú, ¿qué hora es?

—Las seis y pico.

—Pues a punto de amanecer.

Y aún había gente con ganas de cachondeo:

—Que no se vaya nadie a dormir.

—Que mañana hay que levantarse.

—En fiesta uno no se acuesta.

—¿Y qué queréis hacer?

—¡Coño, lo que sea!

Y de golpe…

CHIM-PUM.

No sé de quién debió salir la idea, pero en realidad apenas hubo oposición al asunto propuesto.

—Que hagan una tortilla de patatas para rellenar un poco el estómago.

Fue dicho y hecho.

Bueno, dicho. El hecho había que llevarlo a cabo, y a estas horas no era tan fácil encontrar una casa en la que no se molestara y que tuviera los enseres pertinentes para realizar la obra.

La idea no estaba mal pensada, pero dado el grupo reunido, la tortilla tenía que ser de reglamento y la intendencia tenía que ponerse a trabajar de inmediato. Uno se puso de jefe y una se hizo responsable de llevar a cabo con acierto la gesta.

En unos momentos aparecieron los intendentes que tenían los tubérculos y los huevos. *(Los güevos los pusieron los hombres, pero los eligieron las mujeres; los tubérculos, las mujeres)*. La sartén y la casa, a suertes.

Para pelar las patatas no hubo problema ninguno; en un santiamén se amontonaron más kilos de la cuenta. De güevos iba la cosa justa y hubo que solicitar si algún mozo andaba sobrao del tema. Todo funcionaba correctamente hasta que la rasera se rindió por el mango ante semejante montón de patatas.

La sartén de la matanza se las veía y se las deseaba para dar cabida a semejante festín. Estaba llena a rebosar y su grosor no podía ser menos de cuatro dedos. En kilos no lo sé, pero los suficientes como para que, al ir a sacar la sartén, se le doblara la asadera.

—¿Y ahora quién le da la vuelta?

El que se puso de jefe, ni corto ni perezoso, cogió la sartén y…

¡Zas!

—Lo sabía.

—¿Pero qué has hecho?

La tortilla voló por el aire como cuando pegan un tiro a un bando de palomas.

—¡Adiós, tortilla!

—Me lo temía.

—La que has armado.

Aparecieron trozos de patata por todos lados: por la pila de fregar, por debajo de la mesa, por encima del aparador, por la ventana, por la bombilla, por, por… Hasta los propios asistentes se pringaron a pesar de sus reflejos.

—¿Pero cómo se te ha ocurrido?

—Yo qué sé. Y si no, ¿cómo le damos la vuelta?

—Ya, ya.

El problema es que la sartén no era la adecuada, y parte de la tortilla se quedó pegada en el culo.

—Ves, es culpa de la sartén.

—A ver, ¿quién tiene una rasera como Dios manda?

—¿Pa qué?

—Pa volver apañar la tortilla.

(Lo que hacía falta era una carretilla y una pala pa recoger todo).

—¿Hay algún paleta aquí?

—Yo.

—Pues a trabajar.

—Yo soy **yesaire**.

—Pues mejor, así la vuelves a dejar bien planita otra vez.

Uno de los que sabían y que lo conocían de sobras no dudó en expectorar… Con lo bruto que es, ya veremos cómo la recompone.

Efectivamente, confirmadas las sospechas.

—¿Pero joder, qué haces?

—Dejadme a mí.

Ni corto ni perezoso, el susodicho empezó a recoger los trozos a puñaos y echarlos de nuevo en la sartén.

—¡Hala!, lo que faltaba.

—El que no quiera, que no coma.

Por querer, yo creo que nadie quería; por comer, hasta todos. Cuando esté acabada, ya lo veremos.

Con tanto jaleo en la cocina y con el olorcillo saliendo por la ventana, no tardaron muchos unos jovenzanos en darse cuenta. Debió ser el humo el que los llevó al olor, y por el olfato, a la tortilla.

—Oye, que vienen más mozos.

—¡Cerrar!

No hubo tiempo de cerrar la puerta.

—Me caguen la leche.

Ya estaban dentro.

La puerta se abrió de par en par como si fuera un atraco. En tales circunstancias, más que un atraco era un atentado.

Instintivamente intentamos proteger la sartén. Instintivamente ellos se abalanzaron sobre la tortilla.

Puro instinto vista la hora que marcaba el reloj.

—Nosotros buscando y vosotros aquí a escondidas.

—Pues de olfato no andáis escasos.

—Ni de hambre.

La tortilla tenía una pinta que se iban los ojos detrás de ella. Aún estaba dentro de la sartén, y el vaporcillo de calor ponía en arrebato a los instintos más básicos. *(Y eso que no sabían del azaroso proceso de creación)*.

Como aquí en el pueblo son cuatro gatos, cada cual conoce los instintos del vecino y su manera de proceder. Pues qué mejor que dar de comer al hambriento, no fuera que por resistirnos nos quedáramos sin tortilla. Casi que mejor hacer un pacto de caballeros que liarnos a coces.

Llegados a un acuerdo…

—Jo, está pa chuparse los dedos. *(Y se la estaba comiendo con las manos)*.

—¡Qué buena está! *(Este a puñaos)*.

—Toma, y si es de gorra, mejor.

—Pues pasa la gorra, que a lo mejor recoges algo.

—¡Tendrán cara!

Un poco sí que tenían, pero estando en fiesta, todo se perdona. Perdonados quedan.

Y no es lo malo que se hincharon de tortilla por el morro y cara, sino que abarrieron el hueso de jamón y unos chorizos que habían reguardados en la alacena.

Todo duró ná. Como buitres carroñeros se comportaban y como buitres cenaron. Ya se sabe que el hambre enfurece a las fieras y la comida las amansa.

Amansados ya todos, dejaron que fuera levantando el día poco a poco, de la manera más distendida y alegre que se podía imaginar. Son aquellos momentos que uno no puede olvidar nunca, y que hacen que este pequeño pueblo embriague con su encanto.

A veces, hasta embriagándose de verdad también se puede disfrutar.

Por supuesto que no se pasó la gorra. La gorra en el pueblo es cosa muy seria y de mayores. Bueno, las más para tapar el frío y las calaveras sin pelo, y en algunas ocasiones pa los que la tienen **güeca**. ¡Ay de aquel mozo que se ponga la gorra! O ha dejado de ser mozo o tiene poco que echar a perder. Que en según qué caso, casi que mejor presumir de calva.

A todo esto, el tiempo pasaba…

El sol ya salió como todos los días por el mismo sitio de siempre. A alguno hasta le parecía raro; seguramente andaba con el norte perdido debido a los tragos y el sueño. Poco a poco avanzaba por el monte hasta llegar al Pinillo, pintando la dehesa de verde dorado: un encanto para los sentidos.

Al salir a la calle, los pajarillos ya revoloteaban por entre las ramas de los árboles a la espera de poder hacerse con unas migajas de pan. En la torre de la iglesia, las palomas asomaban sus cabezas por las troneras como princesas tocadas en turquesa y plata.

El pueblo permanecía encerrado en sus casas soñando con las fiestas. En la plaza, un grupo de mozos vigilaban cumpliendo su turno de noche. En realidad, ya estábamos en el segundo día de fiesta y aún era el primero. Ya nadie sabía la hora ni el día, ni querían saberlo. Todo daba igual; el caso era pasarlo bien. Las horas no contaban ni para los que estaban medio vivos, ni para los que estaban medio muertos.

El viejo olmo de la plaza parecía desperezar lentamente sus ramas al nuevo día, de la misma manera que lo hacía aquella pareja que se había quedado medio dormida junto a la puerta del Portalillo. Unos vasos de plástico rodaban juguetones por el suelo, mofándose de unas botellas vacías sobre la ventana.

El sol ya se elevaba y brillaba como si fuera un día de fiesta. A lo lejos, los cencerros de las ovejas que pastaban por los rastrojos —solo les faltaban ponerles coros—, sus campanilleos anunciaban que el día prometía alegría. Quizás fuera de aprovechar.

El sol había salido solo para unos pocos: para aquellos que madrugaron para disfrutar de los trinos de los pájaros, dar un paseo por los caminos al frescor de la mañana, o incluso para aquellos que habían apurado la fiesta al máximo y aún deambulaban por las calles del pueblo sin saber qué hacer: si irse a dormir o aguantar de pie el equilibrio.

La mayoría seguían en la sombra, más bien en la penumbra de la habitación, esperando tranquilamente a que volvieran a tocar a misa las campanas.

Aquellos que aguantaban de pie y sin dormir, estaban en medio del callejón pensando qué hacer.

—¿Qué, muchachos, qué hacemos?

Como aquí todo el mundo tiene salidas imprevisibles, y en vistas de que el personal no se fiaba de los augurios de los cencerros, se le ocurre a uno lo que estaban pensando más de dos:

—¿Y si hacemos un chocolatito caliente?

—Bien pensado, sí señor.

Seguramente lo dijo para rebajar el hartazgo de tortilla. Aún debía estar haciendo la digestión.

—Qué gracioso, ¿cómo sabes que no va a ser en tu casa?

—Bueno, pero yo también colaboro.

No más discusiones.

Dicho y hecho.

—Yo pongo el chocolate, y tú la leche.

Se quedó mirando a la moza, y ésta se dio por aludida.

—¿Cómo no la saque de la teta?

Unos cuantos se rieron… Ella se miró hacia el pecho…

—¿De cuál la queréis, de la derecha o la izquierda?

(La verdad es que la citada moza andaba sobrada de ubres).

—¿Si me dejas probar?

Aún no había llegado a elegir la teta en suerte, cuando ya aparecieron las tabletas de chocolate.

—Hay que ver, cuando se quiere una cosa…

El que suministró las pastillas se quedó mirando y…

—¿Y la leche qué, quién la pone?

Todos se echaron a reír.

—¿Qué pasa?

—Nada, nada.

Parte de los que se reían desaparecieron, y a no mucho tardar asomaron con dos jarras de leche.

—Ahí la tenéis.

—¡Qué bien!

—Así se hace.

—De la derecha y con calostros.

En menos que canta un gallo, estaba la perola dando borbotones.

Y al momento cantó el gallo. Dada la hora, ese gallo no sabía madrugar o estuvo de fiesta toda la noche en el corral y no se enteró de que había amanecido el día hacía rato. Por la ronquera con que cantaba, era más que sabido que había estado de puteo con las gallinas.

Y aún no había cantado el gallo por segunda vez, cuando desapareció el chocolate de la perola.

Y voló.

El gallo, aunque hubiera querido volar, ya no le quedaban fuerzas ni para mover las alas.

Y voló… por los aires.

Apenas se había empezado la degustación, cuando al más cachondo de la cuadrilla se le ocurrió pintarle la nariz al vecino. Y el vecino al vecino, y yo a ti, y tú a mí. Todo ocurrió por simpatía. *(¿Has cogido lo de simpatía?)*.

Cada cual huyó por donde pudo.

¡Madre mía, la que se armó!

¡Vaya casa que quedó!

Todo terminó como el rosario de la aurora. Y terminó, tanto que terminó.

Días después, una vez acabada la fiesta, pudimos comprobar el **estrapalicio** que habíamos formado. El comedor parecía que le había entrado la viruela y el sarampión a la vez, de tantas manchas de chocolate que pintaban las paredes. Y volvió a cantar el gallo. Bueno, eso pareció.

(Convendría aclarar que no muchos días después, los allí reunidos volvieron a recomponer el estropicio, pintando de nuevo el comedor).

Y que yo sepa, no fue el único. Esta viruela se hizo contagiosa y hasta se disfrutaba pasándola. Al gallo, por su parte, ya no le quedaban más ganas de cantar de lo afónico que estaba, tanto como nosotros desde mucho antes de amanecer y de empezar el rosario de la aurora. En realidad, el día ya había dado sus últimas bocanadas. Mejor dicho, las primeras. Todo es relativo, depende de cómo lo mires.

—¿Tú cómo ves?

—Yo ya veo poco.

A nadie le caía por sorpresa que parte de la juventud quedara por las calles hasta altas horas de la madrugada, ni siquiera que muchas casas quedaran huérfanas por una noche o dos, e incluso que apareciera algún que otro tirado por el terraplén o por algún pajar, con tal de que no se dieran cuenta de su presunta borrachera.

Que en fiestas se hacen barbaridades, y hasta en grado sumo, y de todos es sabido de antemano y hasta plausible según de quién venga y hacia dónde vaya destinado, que los mozos tenían comportamientos nada adecuados. De fechorías, tonterías y sus derivados en distintos grados, se calificarían de distinta forma en función del momento y la hora en que se hacían.

Yo podría contarte de cierto día de fiesta que amanecimos junto a los pilones del Cañuelo, tirados en la hierba, como te podrían contar otros que quedaron asestados entre los **venenuchos** de la cuesta del Quiñón, a pocos metros de las casas. Y es que tras dar la tabarra toda la noche por todo el pueblo, no tuvimos más remedio que ir a dormir a las afueras del núcleo urbano.

Que yo te lo cuente así no tiene por qué parecerte bien ni ser ni siquiera parecido, pero seguro que el resumen final viene a ser más o menos de la misma forma.

Y por entonces debía tener yo diez años o muchos más, tal vez veinte y algunos meses. Por estas épocas, más que barbaridades, se cometían tonterías. Las barbaridades correspondieron a épocas pasadas, o por lo menos a unas décadas anteriores. De ello presumieron, y así lo cuentan los que las realizaron, y que no son otros que nuestros padres y abuelos, aquellos que fueron mozos a partir de principios del siglo XX.

Tantas cosas han pasado que si me fuera a acordar…

A fin de cuentas, qué más da.

El día tenía que seguir…

El sol ya empezaba a dejarse caer por las canaleras de los tejados, llegando a los callejones más estrechos. El Portalillo radiaba, plagado de banderitas multicolores. La portada de la iglesia reflejaba su fachada renacentista más lustrosa. El balcón del ayuntamiento era presidido por una extravagante bandera de España.

¡Uffff…! A mí me estaba entrando un sueño que…

¡Adiós! Me voy a dormir.

Estaba soñando.

Soñaba…

Me había cogido justo en el momento en que la gente volvía de nuevo al pueblo tras largos años de ausencia y de éxodo, y la cosa no estaba para bollos. Eran sobre los años setenta, y que yo recuerde, lo que se hacían eran fechorías.

Por entonces, la mayoría que volvía al pueblo se encontraba con una pequeña hacienda, en gran parte heredada de los antepasados, en no muy buenas condiciones y con serias dudas del futuro más inmediato de supervivencia del pueblo. En el caso de muchos, agravado por la penosa y dudosa adaptación a la ciudad y el tener que descartar una posible vuelta a las raíces. Eso era irremediable a todas luces.

Y tuvieron que ser las cuatro tonterías y fechorías de los que volvían al pueblo las que alegraban las fiestas. Fueron esos nuevos matrimonios, juntamente con los jóvenes mozos y mozas venidos de la gran ciudad, los que resurgieron por las calles del pueblo dándole nuevos brotes de vida. Una nueva generación de gentes que no se dejaron embaucar en las ideas de aquellos que tuvieron que pasar la guerra civil y la posguerra con resignación, y se impregnaron de nuevo espíritu de superación.

Aquella comunidad rota con el éxodo masivo a las grandes ciudades se volvía a empezar a cimentar de nuevo y volvía a llenar el pueblo de chiquillería como nunca había estado. La alegría había vuelto al pueblo.

Por cada abuelo que traigan
tres nietos han de llegar.
Por cada viejo que muera,
cinco o más resucitarán.
Un padre y una madre,
un hijo hecho un chaval,
un mozo que ronda el pueblo
y una moza con zagal.

—Si no te parece bien, le pones tú música.

—Y rima.

Estaba yo en…

En tiempos de barbaridades sí que se podía considerar el pueblo una comunidad, seguramente de los más pequeños de la comarca, pero repleto de gente con ganas de vivir.

Y puestos en tiempo de barbaridades… por entonces estaría yo con cinco o seis primaveras, e incluso a lo mejor ni había nacido. Seguro que había nacido, porque recuerdo perfectamente la algarabía que se formaba debajo de donde yo dormía. Allí no había quien viviera.

Dormir se dormía porque uno ya estaba más que acostumbrado a tales circunstancias en los días de fiesta. Que las aglomeraciones de los domingos y fiestas de guardar servían de entrenamiento para las fechas destacadas del año. Doy fe de que había veces que se movía toda la casa y daban ganas de salir corriendo a la calle.

¿Por qué de brutos y de burros a los de Adobes les sobra? Será que se nos ha pegado algo de la tozudez del Bajo Aragón. Por alguna razón nos llaman los cabezones por los pueblos de alrededor. En cualquier caso, nosotros los de Adobes somos los más machotes y los mejores de la comarca.

—¿O no?

—Sí.

—Pues no hablemos más, queda todo dicho.

—En ese caso…

—¿Tienes algo que objetar?

—Si por objetar fuera…

—¿Qué?

—Objetaría de tantas cosas.

—¿Como por ejemplo…?

—De la ciudad.

—¡Toma, ya! Y yo.

—Para un poco, que nos vamos del asunto.

—¿De qué asunto?

—Tú déjame, que yo me aclaro.

—Bueno, pues tú sigue.

—A ver, ¿dónde estaba yo?

—Tú sabrás.

Estaba yo en la cama tan ricamente…

(Eso es un decir).

¡Madre mía, qué brutos!

Los cánticos, las voces, los aspavientos, los saltos, los golpes, etc., me los podía imaginar y sentir con toda clase de detalles desde el catre donde yo me alojaba. Puedo asegurar y certifico que más que cantar, yo diría que berreaban.

Y digo verdad, que una vez pasada la fiesta, mi padre tuvo que poner una viga supletoria de hierro para reforzar el techo del salón del bar y que no se viniera abajo el piso.

Los seísmos que se producían podían tranquilamente alcanzar un seis o siete en la escala de Richter, si es que no se acercaba a la nota máxima de sobresaliente o matrícula de honor.

¡Puummmmba!

Como trompos rodaban
embriagados en alcohol,
berreando cantos
sin ton ni son.
Salto que salto,
bote que bote,
y el que no lo haga
es un cipote.

Dale que dale,
toma que toma,
y el que no beba
que se vaya fuera.

Maricón el que no salte,
maricón…
…el que no salte
… … … … …

Casi que mejor ponerse a cubierto y dejarlos en paz.

Y volviendo al día del chocolate. Aquella madrugada donde todo acabó como el rosario de la aurora, solo recuerdo que acabé en la cama como un trompo.

El despertar de la mañana siguiente, mejor dicho, la misma mañana, fue desesperante. Desesperante para mi madre, que no había manera humana de que me levantara.

Era el segundo día de fiesta y como si lleváramos ya una semana. Con toda seguridad, el poco hábito a la música había hecho que abusáramos en demasía del baile y de la juerga, y como era lógico, lo estaba pagando el maltrecho cuerpo, tras la agotadora temporada de recolección.

Me hicieron levantar sobre las diez de la mañana, cosa ilógica para un día normal y mal vista. En realidad, no me había dado tiempo ni para estirar la pata y, encima, padeciendo de aquella viruela y sarampión de hacía un rato, recién incubados y sin vacunar.

Estar, estaba vivo, pero más inconsciente que otra cosa.

Mi madre seguía insistiendo…

—Pero, muchacho, que son las diez de la mañana.

Supongo que debía decir eso o algo parecido, porque yo andaba más sordo que una tapia.

—¡Vamos, arriba!

Con las horas que me había costado el acostarme y ahora, a las primeras de cambio, a levantarse.

—Que ya ha venido el cura y están a punto de tocar a misa.

Yo pensaba: Pero si a mí me da igual la misa que el rosario.

Yo ni pensaba, ni nada.

—¡Venga! Que hay mucha faena por hacer.

Debía estar malo, malo de verdad, porque ni reaccionaba.

—¿Ves? Tanto cachondeo… ¿y ahora qué?

Seguro que los treinta y seis de fiebre no me los quitaba nadie.

—¡Vamos ya!

Intentarlo a tan tempranas horas era casi un pecado, y en este caso, mortal de necesidad. Y así le fue a mi madre la penitencia, que cuando quiso que resucitara, eran ya cercanas las once. No le sirvieron los reiterados avisos de palabra, ni los de golpes en la puerta; al final, tuvo que coger y tirar de la manta, las sábanas y hasta el colchón para poder conseguir su propósito de la resurrección.

Tuve que acarrear la resaca y mi holgazanería escaleras abajo y escaleras arriba, rellenando neveras con botellas de cervezas, refrescos, gaseosas y todo lo que se prestaba al consumo del día que se avecinaba.

Como parece ser que no me espabilaba demasiado, me impusieron el tener que recoger todos los cascos de botellas que se habían quedado por la calle de la noche anterior y, de paso, que me diera un poco el aire.

—¡Joder! Yo pensaba que había menos gente en el pueblo, pero visto el resultado de la operación, la cosa le debió salir a mis padres redonda. Estarían frotándose las manos.

Si mi cara era todo un poema por su aspecto ojeroso y adormilado, más lo aparentaban otros muchos que iban resucitando de sus camas y saliendo de sus tumbas. Algunos parecían maltrechos soldados recién salidos de un campo de batalla, y hasta diría que por su aspecto nada victoriosos, más bien derrotados y **apalizados** sin piedad.

—Claro, ahora entiendo yo por qué no tuvieron piedad conmigo.

El sol ya relucía en los cascos de cristal como estrellas que fueran a explotar, haciendo mil filigranas e hipnotizando mis sentidos. Yo creo que aún andaba medio turulato.

Las campanas de la torre ya reclamaban a sus feligreses con sus toques reglamentarios de siempre. El pueblo seguía medio desierto y la poca gente que aparecía parecía ir a una misa de difuntos.

—¡Anda! Ya me parecía a mí que el toque de las campanas me sonaba a clamores.

Y es que la misa del segundo día estaba destinada a recordar a todos los fallecidos del pueblo. Cosa que aprovechaba el cura párroco para sacar unas perrillas extras, nombrando de uno a uno para que el dispendio de la gente fuera mayor. (A veces el sacerdote se convertía en so-cerdote).

—¡Perdón! Se me escapó.

Debieron ir cuatro gatos. En este caso, los de siempre y los obligados.

A algún desaprensivo hasta se le ocurrió bandear las campanas al acabar la misa para despertar a los muertos que había por las casas. Y algunas mujeres de las asistentes recriminaron la acción por no respetar a los difuntos del cementerio.

La acción hizo efecto. Horas más tarde, la gente ya invadía las calles, quién sabe si debido al olor de las comidas.

Los gatos a estas horas deambulaban tranquilamente por las calles oliendo cualquier cosa que fuera comida. Algunos, hartos de tanto manjar de fiesta, se habían encaramado en los tejados a tomar el sol a sus anchas y sin peligro. Un par de perros olfateaban por la puerta de la iglesia en busca de su dueño. La gente joven, sin excepción, estaba todos en sus catres esperando que acabara el cura la misa para que les fuera a dar la extremaunción.

Y al cabo de unas horas… muchos resucitaron.

¡Gracias a Dios!

Lo que llegan a hacer los Sacramentos Divinos.

El milagro lo hizo el olor a los pucheros que subía por las escaleras de las casas y que hizo que los difuntos fueran resucitando en cada alcoba. Y en este caso el milagro fue milagrosísimo porque la resurrección no se produjo al tercer día sino al instante.

Que resucitaron con cara de muertos, normal y lógico tratándose de las personas que eran y de la manera que habían caído. Y menos mal que no se aparecieron a las mujeres como Jesús, porque de lo contrario… Y se le ocurre asomar a uno la jeta por la calle.

Como un muerto se levantó
blanco como la patena,
ojeras de moribundo
y ¡vaya de qué manera!

Y si dijera de las mozas…

Mira de aquella serrana
que tanto cuerpo lucía,
parece que la han **baldao**
o la han hecho **planillera**.

Ratifico que asustaban,
que yo las vi, es verdad.
Que ellas si a mí me vieran
se echarían a llorar.

Pasaron los cuchicheos y las miradas temidas. Horas después, las comidas se hicieron a media mesa.

Unos porque no se levantaban.

Otros porque no llegaban a casa.

Algunos porque no tenían ganas.

La mayoría, si resucitados, convalecientes.

De vivos y sanos más bien pocos: aquellos que habían asistido a misa y otros pocos que querían formalizar el vermú con su correspondiente pincho o banderilla. A fin de cuentas, era el segundo día de fiesta.

El sol se había colocado cerca de la torre, y a estas horas de mediodía ya casi se tenía que buscar la sombra. Las banderolas apenas se columpiaban en la plaza y las pocas que ondeaban por la calle de las Procesiones ya se encargaban los chavales de arriarlas.

La comida cumplía su rutina habitual y cotidiana, obligando a la ventana a excederse en aliviar el bochorno de la cocina. Los gatos y perros abandonaban sus camastros y se iban acercando al tufillo de las callejas.

Los invitados y amos de casa ya iban cogiendo sitio en las mesas a espera de que la cocinera diera la voz de alerta. Hoy ya era un día más tranquilo, e incluso se podían repetir parte de las viandas del día anterior. El abuso en la gula lleva a estas cosas.

Son horas medio muertas en que el olorcillo que se escapa por las rendijas hace que el perro olfatee dormido, destilando por sus narices un sueño de ensueño. Horas de clausura entre fogones y de reposo digestivo. Hora de guardar capote al que se lo merece y de disfrutar con la comida.

Que después viene la clausura en las alcobas y habitaciones para hacer la digestión de la siesta. Horas donde uno no piensa nada.

Tras unas horas de espera… llega la resurrección de nuevo.

Era el segundo día de fiesta, ya metidos en la tarde. Los forasteros aparecieron más por defecto que por exceso. Apenas unas cuantas chavalas y chavales rondaban por la plaza, esperando que aparecieran los músicos para empezar el baile.

El bar ya casi estaba lleno. Mientras unos desafiaban a los forasteros a echar una partida al **guiñote** con la intención de tomarse un café, unas copas y unos puros de gorra y de paso salvar la honrilla del pueblo.

Había un par en una mesa que no encontraban contrincantes de los que a ellos les gustaban. El **solitario** se hacía cada vez más solitario, y la copa y el café estaban tan apurados como la colilla del puro que ya le obligaba a hacer más de un momo para no quemarse los morros.

Miró alrededor y espetó:

—¿Qué, hay por ahí dos valientes?

El provocar es una astucia que suele dar resultado. Los dos forasteros iban a decir que sí, pero solo miraron. En algunos casos con la mirada se dice todo.

Como el reto se dio por aceptado, cogieron y se sentaron.

—Ya tenía yo ganas de coger a unos piqueranos.

Ellos callaron.

—Va… Oros, copas, espadas y bastos.

Los que había alrededor y sabían que no debían jugar, se acercaron a la mesa para ver cómo discurría la partida.

El juego seguía.

Ya uno habló:

—Yo arrastro.

—Y yo sigo el palo.

—Yo mato.

—Y yo remato.

10+4+10+11+10+3+2+3+4+10+3+3+11+2=36 y el veinte fuera.

—Juego pa nosotros.

Si digo guiñote, es porque es el juego tradicional por excelencia en esta zona, pero no es lícito ignorar al **subastado** o el **tute**, donde se ponía en solfa el dinero y en los días de fiesta solían darse partidas más que animadas. Que por jugar, hasta la **brisca**, el **mus**, el **remigio**, el **julepe** o la **escoba**, todo dependía del día y de los participantes presentes.

Que yo podría nombrar docenas de parejas de las que sabían tocar las cartas como los magos y hasta dar espectáculo.

—Yo creo que hacen trampas.

—Pues no sé…

—Ya, conocen hasta las cartas.

—Bueno, bueno, la suerte también influye y mucho.

Cuando el sol empezó a dar sombra a los callejones, empezaron a salir los primeros mozos y mozas a la calle. Los puros abandonaban el bar apurando las últimas bocanadas y los chavales asaltaban a todos buscando de dónde sacar unas perrillas.

En realidad, los niños lo tenían mal. Apenas podían comprar unas golosinas, unas pipas o unos cacahuetes, a salvo que alguna visita de invitados se hubiera acordado de ellos. Siempre dependían del bar y de la bondad de los abuelos.

Estaba a punto de empezar de nuevo el baile.

El segundo día era costumbre que los músicos dieran la vuelta a la procesión para animar el cotarro y avisar del comienzo de la función. Unos chavales los acompañaban haciéndoles más estorbo que otra cosa en su tradicional pasacalle.

Con el ruido de la música, la gente pareció despertar del letargo de la siesta. Las mozas aceleraban sus últimas faenas domésticas y se apresuraban a maquillarse con sus polvos mágicos para aparentar lo mismo o más que la vecina más guapa del vecindario.

El sol cada vez bajaba más su recorrido y la plaza cada vez tenía más tendido de sombra. La hora era la adecuada y así lo entendía la mayoría de la gente que casi de **zopetón** empezaron a asomar por las bocacalles que daban al Portalillo.

Los corrillos se formaron rápidamente, sin dar tiempo a que afinaran los músicos los instrumentos. De nuevo se repetía la historia del día anterior. Cada oveja con su pareja y los de cada sexo con el suyo. Los forasteros a la retaguardia viéndolas venir.

Alguna mirada se escapaba de vez en cuando.

El nerviosismo se notaba en unos mozos que no paraban de mirar a las mozas con más hambre que gana. Ellas seguían en su paraíso celestial sin querer probar la manzana del paraíso terrenal. Tal vez unos pases de baile y unas palabras mudas no habían sido suficiente recompensa para una fiesta.

Algunos no se comían un rosco.

Otros no levantaban cabeza.

Algunas solteras pa siempre.

Y hasta monjas.

Aquel mozo miraba y miraba.
Apoyado en el tronco del olmo,
veía cómo se balanceaban sus ramas.
Hipnotizado quedaba.
Pensaba.
Se imaginaba…

Serrana, moza serrana,
sencilla y parca,
deja mirarte a la cara,
moza serrana.

Serrana de tímida mirada,
deja que mis ojos sientan tu mirada
y saboree tus labios
color malva.

Serrana. ¡Ay mi serrana!
Suelta tu trenza, levanta tu cara,
deja que tus ojos claven tu mirada
en mi mirada.

Serrana, moza serrana,
emerge tu mirada a mi mirada
y deja que mi vista se emborrache
ante tu estampa.

Moza serrana,
¡ay mi serrana!
Abre tus recónditos encantos
a mi deseo y esperanza.

Moza serrana,
¡ay mi moza serrana!
Al menos levanta tu mirada
a mi mirada.

Y rompió la música a toda pastilla.

Las parejas se enzarzaron de nuevo en un constante desenfreno como si el baile del día anterior no hubiera hecho mella alguna, o como si la faena hubiera quedado a medio hacer. Y como no podía ser de otra forma, las primeras en formar pareja fueron las propias mujeres, como queriendo reivindicar la atención del sexo masculino.

Y lo bien que se dejan llevar entre ellas.

Había un mozo… que el ojo no le quitaba. Había una moza… que su mirada ocultaba con su mirada baja.

El tiempo pasaba…

Él con la mirada la desafiaba.

La moza bailaba y a su lado pasaba.

El mozo dudaba y esperaba.

—¿Mira que si un piquerano se la ligara?

No era seguro, y en el segundo día de fiesta más improbable todavía.

Más de un piquerano ya había desistido de acudir, bien por excusas de trabajo en forma de calabazas o más bien convencidos por los tamarazos o pedradas. Las razones eran más que razonables: echarlos del baile.

La moza parecía ir perdiendo la compostura a la vez que avanzaba el baile, y hasta se permitía de vez en cuando dirigirle una miradita hacia aquel mozo que parecía santo de **pairón**.

Acabó la pieza.

Él casi se la comía con su mirada.

Ella de reojo no le quitaba vista.

Sus miradas se cruzaron en unas décimas de deseo.

Él se envalentonó en dudas.

Ella esperaba.

La música empezó a tocar.

Y…

—¿Bailas?

El silencio se hizo eterno.

Ella lo entendió y aceptó.

Él la recogió en sus brazos y continuó en silencio.

La música siguió, siguió y siguió.

Aquella tarde anocheció con un mar de estrellas en el firmamento, y esta misma noche amaneció con una luna creciente radiante. Una noche predispuesta para enamoramientos.

Los músicos siguieron desgranando su repertorio de memoria hasta bien entrada la noche con ritmos de exhibición. Pero bien sabían que a ciertas horas de la madrugada se cuecen asuntos muy serios, y dándose por entendidos, decidieron ajustar sus instrumentos a piezas más tocables (entre comillas) y hasta incitaban a las parejas a llevarse de forma más natural, dado que la hora no se prestaba a la afluencia de mirones.

La pareja repitió.

Él le habló.

Ella habló y sonrió.

Él le respondió.

La noche avanzó.

La luna en lo alto del firmamento se asestó.

La música prosiguió.

La moza, ante la mirada del pretendiente, sonrojó.

Era una noche predestinada al enamoramiento. Cupido esa noche tuvo que hacer horas extras. Dicen que se le agotaron las flechas, aunque algunos que se habían confabulado con él luego comentaban que fallaba más que una escopeta de feria.

¡Vamos! Que disparó a muchas parejas, pero a la hora de la verdad no salió ni un noviazgo.

La brisa del pinar se deslizaba barranco abajo hasta llegar al pueblo. Las hojas del viejo olmo se pusieron a tiritar. La hora de acabar el baile estaba a punto de llegar a su fin. La luna seguía de mirona en todo lo alto, y las estrellas cada vez dilataban más sus pupilas para fisgonear desde cualquier lado del firmamento a las parejas de enamorados.

La trompeta, el saxofón, el bombo y el tambor dejaron de sonar, a la vez que el pastor que rondaba por la orilla del pueblo se lamentaba de su desdichada suerte. La noche cada vez parecía más alba que estrellada, y la luna cada vez más enamorada.

Y al final todo acabó con un chim-pum.

Bueno, antes la raspa y el poyo.

Ahora sí. CHIM-PUM.

Y amaneció.
Y el gallo cantó.
Él la festejó.
Ella también festejó.

Él su mano pidió.
Y buscaron una esquina de amor.
Y pasaron los meses.
El tiempo pasó.
La boda se consumó.
Y otro gallo cantó.
Y colorín, colorado…
Y comieron perdices…

A veces los cuentos son tan bonitos que parecen de verdad.

Ha pasado mucho tiempo. *(Tanto o más como yo he tardado en contarlo, hasta años).* Aquella pareja de enamorados los vi el otro día del bracete, paseando por la carretera con un par de churumbeles.

—¿Quién sabe si recordando sus viejos tiempos de noviazgo?

Recuerdas cuando te dije
que para mí tú serías,
y si quitarme quisieran,
yo no lo permitiría.

Que aquella mirada tuya
que tú no dejabas ver
era un rayo envenenado
difícil de padecer.

¿Lo ves, moza serrana,
cómo ha tenido que ser?
Lo que el destino dispone
y lo que tiene que ser.

Este relato está basado en hechos reales. De verdad que sí.

Y este otro también.

No te voy a decir quiénes son, ni te lo vas a imaginar.

Ya hacía días que sospechábamos algo. Sus miradas en silencio reflejaban en sus caras que alguna cosa, llevaban entre manos. En realidad, siempre intentaban buscarse y ya bailaban siempre juntos.

La tarde invitaba a pasear largo rato hasta el anochecer. La brisa del pinar de momento se resistía, y por si acaso, el jersey ya iba sobre el hombro por si despertara antes de lo previsto. Siempre, a la puesta del sol, ya se sabe que baja la temperatura de golpe unos cinco grados, y ya estaba por encima de Valdecatalina.

En el pueblo esa tarde se notaba que faltaba gente.

—Dicen que se celebra una corrida de toros en el pueblo vecino y que se han ido un montón casi de espantada.

Yo reparé que la pareja antes citada no estaba.

Tal vez…

¿Quizá el pretendiente había roto el silencio y le quería pedir un imposible a la moza?

—¿Qué te parece? ¿Nos vamos de toros?

Ella le miró y sonrió.

—¿Pero con quién?

—De eso me encargo yo.

—Que luego las malas lenguas…

Él le insistió.

Ella su brazo cogió.

Visto lo visto…

Está claro: también se habían largado de toros.

Los carteles que anunciaban las fiestas del pueblo vecino colgaban de las paredes del Portalillo, engañando y exagerando bien a las claras la fama de los toreros, de los toros y de las orquestas que habían de actuar. La mayoría de los grupos de música estaban más vistos que el tebeo, tanto que no hacía ni cuatro días que habían actuado en el propio pueblo. Y si hablamos de los toreros y los toros, meros aprendices de maletillas lidiando con novillos medio cabras.

Pasó la tarde. La charlotada acabó como tenía que acabar, con los novillos a los corrales. La gente se hartó de sacar los pañuelos blancos, pero no para pedir la oreja, sino en protesta a tan nefasta actuación.

Ya debía ser alrededor de las once de la noche, y la ocasión estaba más que justificada. Una noche estrellada, una luna pidiendo salir a festejarla, la fiesta del pueblo vecino la apropiada para echar unos bailes, y la ausencia de gente del pueblo propio así lo evidenciaban. Y si por comprometer un noviazgo, la ocasión era más que pintada.

La gente por entonces intentaba salir todo lo que podía. Que yo sepa y recuerde, de adobanos los he visto por todas fiestas de alrededor: en Setiles, en Alustante, Tordellego, Tordesilos, Piqueras, Checa, Chequilla, Orihuela, Motos y hasta el Pobo, Hombrados, Rodenas, Pozondón, Ojos Negros y las Minas. Desde los limítrofes del Jiloca, las proximidades del Alto Tajo y los Montes Universales. A cualquier sitio que se pudiera llegar a pie o negociando algún tipo de transporte.

Que de aventuras por las fiestas del contorno, cualquier mozo te podría contar a montones a poco que busquemos gente de mediana o avanzada edad, y con mucho más conocimiento de causa que un servidor, que apenas te podría contar cuatro escaramuzas y convenientemente exageradas.

Te podría contar que…

No servirá de ejemplo, pero al menos es una pizca. No será ni la época, ni la década más apropiada del tiempo, pero por contar… ¿A quién no le ha ocurrido alguna que otra aventurilla?

Y sigo…

Eran aquellos años en que se podía ir de fiesta de cualquier manera. Tampoco quiere decir que tuvieras la ocasión de poder elegir; cada cual se las ingeniaba y se las apañaba como podía o sabía. Por poder, siempre, aunque no quedara más remedio que hacer el camino a patica. Por saber, buscando algún medio de locomoción que al final terminabas pagando con dinero o con servicios prestados.

Sea como fuese, se iba. Las opciones se repartían de diversas maneras y formas. A saber:

- A dos patas *(entiéndase ir a patica)*.

- A cuatro patas *(en mulo, burro, caballo o sus derivados)*.

- A dos ruedas *(en bicicleta o motocicleta)*.

- A tres ruedas *(en este caso descartamos a los triciclos, porque en el pueblo no había ninguno)*.

- A cuatro ruedas *(llámese coche, furgoneta, camioneto o camioneta)*.

- A seis ruedas *(tractor con remolque incluido)*.

Toda una variedad, teniendo en cuenta los tiempos en que nos movemos, por los setenta del siglo XX.

Eso era la ida.

La vuelta, de la misma manera. Es un decir, porque a la hora de la verdad, a veces ni se volvía o se hacía como se podía.

Si quieres que te diga la verdad, en los pueblos cercanos la mayoría de las veces terminaba haciéndose a patica, ya fuera por agotar la hora de partida o por la imposibilidad de juntar de nuevo la tropa.

Los que se iban a las fiestas a dos patas lo solían hacer en grupo y a primeras horas de la tarde para poder llegar a tiempo al principio de la corrida de toros, salvo en el caso de Piqueras, que estaba a cuatro pasos de tres cuartos de hora de camino. La vuelta de la misma manera, pero a deshora y descarriados.

De los de dos ruedas, apenas había en el pueblo. Solo recuerdo un par de bicicletas de segunda o tercera mano, una moto Guzzi más vieja que la **tana** y una Montesa de última generación. Los de la bici tenían que ir con cuidado para que no se las robaran, así que antes de llegar al pueblo en cuestión, las escondían entre los **matujos**.

De tres, **res**. Es decir, nada. *(Res, segunda palabra que aprendí en mi aventura por tierras catalanas después de **adeu**).*

De vehículos a motor y de cuatro ruedas: un Seiscientos, un Renault cuatro latas y una furgoneta Mercedes Benz. En realidad, el único con cuatro ruedas era el Seiscientos porque nunca llevaba rueda de repuesto.

De tracción y con remolque, un Ebro con más años que el Nacimiento en Fontibre, tan **escacharrao** que andaba cuando quería y que no era capaz de alcanzar a los de dos patas. La mayoría de las veces se quedaba en la Balsa de la Dehesa o en las piedras de los Barrenos.

Y puestos a salir a patica, uno no se lo pensaba dos veces por aquello de la vuelta, que luego el tiempo corre y, aunque casi siempre se volvía de noche, mejor en grupo y sano.

Por contar… y ahora hablo de cuántas veces habré ido a patica, en cuadrilla y por docenas: a Piqueras muchísimas veces, a Alustante por lo menos una docena, y a Tordesilos y Tordellego cuando salía. Bien entendido en el caso de las fiestas, porque en asuntos de trabajo u otros menesteres ni se llevan de cuenta.

—Pues no he ido yo veces a herrar los animales o a moler trigo. Ni las llevo de cuenta. Tendré que hacer memoria.

En algunos casos, como en el de Alustante, la excusa siempre era para ver la corrida de toros y el ambiente tan exquisito que llevaban propagando con carteles por toda la comarca desde hacía semanas, y a la vez justificar la caminata con unas bolsas de peladillas, unos caramelos de martillo o unas tortas de guirlache para compartir con la familia.

Los toros casi nunca los podías ver; los puestos estaban más que adjudicados con horas de adelanto a los vecinos, y como mucho podías ver traslucir por entre el entarimado de madera que conformaba la plaza. ¡Ay de aquellos que se atrevían a encaramarse en los maderos del redondel y robar un poco de espacio a los del pueblo! Ya se encargaban las mujeres de que abandonaras el lugar a base de alfiretazos en las nalgas.

Puestos al caso, y dado que de siempre se decía que los alustantinos eran más bien poco halagüeños para los forasteros, y por lo contrario muy suyos y señoritos, los visitantes de los pueblos limítrofes intentaban en lo que podían **joderles la marrana** de la manera que pudieran.

Que yo sepa, como autor o cómplice, en todas las ocasiones que han venido a pelo hemos desplumado los árboles frutales de los huertos que se hallaban en el camino de salida de Adobes cuando volvíamos de la fiesta, incluso en alguna ocasión apedreando al propio dueño, que sabiéndose enterado ya andaba escondido para sorprendernos. La época coincidía justo con la maduración de las peras, las manzanas y los membrillos.

Que de anécdotas de fiestas las hay las mil y una. Me cansaría de desgranar una por una. Hasta te aburriría.

Yo podría referirme a unas cuantas que me han pasado, pero tú podrías convertir en una enciclopedia las pasadas, presentes y futuras a poco que lo propusieras o te las ingenies preguntando y animando a algún conocido, tío, abuelo o padre. Las futuras mejor que te las inventes, pero a poder ser que sean creíbles.

Puestos a contar…

Del pueblo más vecino y menos allegado, llámense piqueranos, ni se sabe la cantidad de fechorías hechas. La rivalidad era de órdago a la grande. Hoy en día la cosa se ha quedado en órdago a la chica o como mucho en envite. La mayoría de veces la partida se resolvía a base de faroles.

—Que conste que yo del mus sé poco, poco. Algún farol y poco más.

Mis circunstancias personales, casado con exmujer piquerana, me obligan a convertirme en estos momentos en adobano raso, y orgulloso como todos no he de eximirme de algunos atropellos cometidos en tantas y tantas visitas a dicho pueblo.

Como buen adobano no puedo negar que alguna bombilla de sus calles haya caído hecha añicos en acto de sabotaje, ni que en alguna ocasión haya cambiado tiestos y macetas de unas casas a otras, y que algún que otro aparejo haya ido a parar al río, o que alguna cortina se viniera camino adelante más allá de la fuente de los Gamellones.

Puede que fuera hacer por hacer, aunque mucho me temo que más fuera por deshacer o devolver lo hecho por los piqueranos en sus frecuentes visitas a nuestro pueblo. La rivalidad entre ambos pueblos viene de antaño y uno lo aprende desde la más pequeña infancia.

—Que si por rivalidad fuera…

De adobanos que han intentado quitarles la primera en la carrera pedestre los ha habido a montones, aunque de poder hacerlo las menos y en contadas ocasiones. Y no por falta de empeño, que, por desprestigiar al pueblo vecino, se hace lo que sea y más, pero las estratagemas casi siempre están a favor de los de casa.

De lo que sí recuerdo es de ganarles más de una vez en los partidos de fútbol que se hacían por las fiestas. Ahí se imponía la calidad de nuestros jugadores sobre la tozudez del contrario y las triquiñuelas que se montaban en la era en que se jugaba. Que por cantidad nos doblaban o triplicaban en plantilla, pero al final la sapiencia de nuestro entrenador se las ingeniaba para domar a aquel tropel en desbandada.

Como la hemeroteca del historial de resultados entre ambos pueblos no ha llegado a nuestros días, me quedo con los más recientes, que a fin de cuentas son los que más se recuerdan, y el saldo es más que positivo. Que si por copas fuera, no hay más que ver las baldas del local social del ayuntamiento, hasta las cachas. Más que el Madrid y el Barça juntos.

Por fortuna son muchas las veces que he tenido la suerte de participar peleando detrás del pelotón con los piqueranos. No es que se me diera nada mal, pues estaba acostumbrado a jugar en el cole con frecuencia y eso se nota en el campo de juego.

Recuerdo de varios, pero en especial uno que más valdría no mencionar.

Debía tener yo unos doce o trece años, y me metieron a jugar con mozos hechos y derechos. Para más inri, tuve la desgracia de fallar un gol cantado a puerta vacía.

¡Fatalidad la mía!

¡Qué desgracia!

Y juro que no fue culpa mía. El campo estaba lleno de baches y el balón botaba como quería.

Qué casualidad, el único que se dio cuenta fui yo.

Y vaya la que me cayó encima.

Me preguntaba por qué narices tenía que ser yo el elegido para jugar con semejantes fortachones. La era estaba en cuesta y además recién salidos de la trilla se resbalaba como una pista de patinaje. Mi integridad física estaba pendiente de un hilo, al mínimo golpe desaparecía del campo.

Y pasó…

Vaya, no había excusas.

De pronto mi primo… ¡Plommm!

¡Vaya soplamocos que me cascó!

—¡Mocoso!

—Ahora mismo pal pueblo.

No sé si salí corriendo o llorando, el caso es que, casi sin darme cuenta, recuerdo haberme quedado en las cercanías del cementerio desde donde podía escuchar radiar el partido a base de las voces de los forofos de la gente del pueblo.

Por los aplausos, pitidos y abucheos que me llegaban a los oídos, la cosa no debía ir mal del todo para los de Adobes. Casi todo eran abucheos, y eso daba a entender que algún que otro gol caía a favor de los adobanos.

¡Menos mal! Se había ganado.

Yo quedé liberado de mi culpa, y hasta quiero recordar que cuando aparecí por los aledaños del bar me invitaron a una Mirinda de naranja para olvidar el sopapo anterior.

Mientras unos se dolían de los zapatazos en las espinillas, otros saltaban de alegría festejando la goleada. Y la culpa como siempre del árbitro.

—¿Y sabes quién era el árbitro? El cura del pueblo.

Por estas fechas había tanta afición a esto del pelotón del fútbol, como unas décadas anteriores lo hubo a la pelota mano, a la morra, o al tiro de la barra.

Y es que, en esto de las pelotas, hay que echarle cojones al asunto. Mientras en los pueblos del contorno seguían jugando en las eras de trillar o en los majadales de las ovejas, en Adobes ya teníamos nuestro propio estadio a punto de inaugurar, de hierba y con porterías reglamentarias, lo único que faltaban eran las gradas. Todo a su tiempo.

Unos cuantos pueblos han sido pasados por la piedra, entiéndase por la hierba, y más de uno se ha tenido que rendir a la evidencia y se han tenido que meter su orgullo entre las piernas y salir corriendo como perro escaldao. Y si no que se lo pregunten a los setilanos que tras dos veces seguidas apalizados, se negaron a volver.

Y todo por culpa del dichoso pelotón.

¡Viva el fútbol!

¡Olé balón, olé balón!
Dicen que en Adobes juegan
con balón de reglamento,
que tienen campo de hierba,
hierba fresca y natural.
Con porterías de palo
y con redes de verdad.
Que juegan hasta las mozas
en contra de las casás
y que cuando salen fuera
a otros pueblos a jugar,
dicen que da gusto verlas
pues llevan trajes de verdad.
Si es verdad lo que comentan
en los pueblos de alrededor,
pudiera que sea cierto
y hasta que fuera verdad.
¡Olé balón, olé balón!

Y si siguiéramos…

A patica o a cuatro patas, ya en burro, macho o mula, montones de veces a los pueblos de alrededor y siempre buscando excusas o por imperativo de trabajo familiar. Ya sabes aquello de… que si a herrar, a moler, etc.

Recuerdo…

De ir un par de veces a Tordesilos para la fiesta y seguramente las dos con el mismo medio de locomoción. Hoy en día no se le ocurre ir andando ni al más pintao, a no ser que algún orate quisiera recordar tiempos pasados o este mal de la pelotilla.

No es que no quisiéramos ir a dicho pueblo, es que las fiestas coincidían con la festividad de la Virgen de agosto, en plena recolección de la cosecha y las licencias en esta época no estaban bien vistas.

Por recordar… y fue a Tordesilos y a patica. Nos habían dado permiso para ir a la fiesta. Éramos una cuadrilla de cinco o seis. El motivo: comprobar y verificar que la orquesta que habían anunciado llevaba tantos músicos como decían, solo de trompetas iban cuatro, dos cantantes, con luces de colores y con bailarinas y todo.

La ida supongo que sería de la forma más natural, pues no recuerdo mucho de la caminata, a no ser de la subida del Costalazo y la falta de agua para refrescarse. Claro que las idas siempre son buenas, solo con la ilusión que se lleva ya es suficiente. Lo malo siempre son las vueltas.

Ya nos habían avisado…

—A ver, ¿a qué hora vais a volver?

—Que mañana hay que trabajar.

—Seguro que de noche.

La vuelta fue…

Bueno, primero habrá que contar cómo fue la fiesta.

Llegamos al hacer de noche y cansados. La verdad es que el ambiente era muchismo bueno. Por allí había gente conocida de todo el contorno, desde alustantinos, alcorochanos, setilanos, hasta de la frontera de las tierras de Teruel como Rodenas, Santa Eulalia, Peracense, Pozondón, Ojos Negros, Villar del Salz y hasta del mismo Molina de Aragón.

El escenario como siempre estaba puesto en la zona baja del pueblo junto a la carretera, lo que hacía que hubiera un cierto trasiego de coches con mozos de la zona.

La orquesta, efectivamente como venían anunciando, estaba formada por un tropel de músicos, no había más que ver el personal que se movía por el escenario. Visto el andamiaje que usaban para la colocación de las luminarias, más parecía una obra de ingeniería.

El caso es que con tanto gentío, tanta música y tanto garrafón suelto por parte de los tordesilanos, el ambiente andaba más que caldeado, y si el abuso de bebida es a costa de revueltos de anís, la noche presagiaba un alba como el rosario de la aurora. Cada trago se hacía más largo y más inconsciente.

Y has de beber quieras o no.

La noche se hizo tan corta y pasó tan rápida que nos enteramos porque la música dejó de tocar.

¡Adiós fiesta!

En menos de diez minutos quedamos los forasteros y unos cuantos mozos del pueblo en medio de la plaza con cuatro garrafones dando tumbos de aquí para allá. En realidad, los únicos que estábamos medio cuerdos éramos los forasteros, los del pueblo estaban totalmente perdidos.

¡Vaya panorama!

Sin apenas tener tiempo para pensar qué hacer, y viendo cómo desaparecían de golpe todos los forasteros, decidimos no buscar posada para dormir y sí volver al pueblo andando, como lo habíamos hecho en otras muchas ocasiones cuando íbamos de fiesta.

El día ya empezaba a clarear y el recurrir a casa de familiar para dormir no era lo más apropiado en las circunstancias en que nos encontrábamos, y más sabiendo que en el pueblo estaban vigilantes y con las **parvas** tendías para trillar.

Puestos al caso, lo más prudente era salir pitando.

Y si puestos de acuerdo todos, eso quería decir que aún estábamos cuerdos todos —cosa que yo pongo en duda—, así que iniciamos nuestro regreso, no sin antes hacernos con un garrafón de bebida que andaba medio suelto por la plaza y sin dueño.

El que tuvo la idea fue F---n---o *(así no lo sabes)*.

Fue visto y no visto.

—¡Vámonos!

Salimos escopeteados.

¡Vamos!

La vuelta fue la rehostia.

Esto debió ocurrir cuando yo tenía la edad del pavo o casi que mejor la del ganso, cuando uno es un tortolillo y tiene la cabeza llena de pajarillos, y con tanto revoloteo de ideas no te dejan ni margen para pensar. Y por no pensar la que se nos vino encima.

Y a resultas de lo cual… empezamos el viaje mejor que mejor, casi no sabíamos lo que hacíamos pues íbamos medio **bolingas**. El fresquillo de las primeras horas de la mañana animaba el cachondeo y más con la satisfacción de habernos llevado el garrafón de bebida.

¡Grave error! ¡Qué inconscientes!

Con todo esto, nos alejamos por el antiguo camino que se hacía servir para comunicar ambos pueblos con las caballerías, y aligerando el paso para que no nos dieran por sospechosos de la fechoría, pasamos la balsa que sirve de abrevadero para el ganado y el **pairón** que señala que ya está uno fuera de vista de las casas.

Andábamos todos, si fa no fa, parejos en el andar, parejos en la edad y parejos en las condiciones físicas y mentales. Puede que alguno llevara algún trago más que otro, pero en tales circunstancias no se echaba a la vista o no se dejaba ver. Por no respetar, no respetábamos la fila india que marcaba el camino. Alguno andaba medio atravesao.

El camino, ni bueno ni malo, no se dejaba apenas ver. Nosotros de la manera que íbamos lo adivinábamos y si no lo hacíamos recto aunque fuera de vez en cuando salvando un ribazón o cruzando un piazo.

Seguimos como pudimos. Pasamos unos cuantos repechones y unas largas lomas de piazos de labranza. Nuestras fuerzas cada vez se debilitaban más. De momento el sol nos respetaba calentándonos en el trasero y el auxilio al garrafón parecía querer aliviarnos.

Seguimos avanzando a ritmo lento, cada vez más lento y pausado. Lo único que nos aliviaba eran los parones que nos inventábamos para mear y recuperar fuerzas. Parón tras parón, y cuando quisimos darnos cuenta el sol ya empezaba a amenazar el cogote con el calor. Visto lo visto nos propusimos alcanzar unas carrascas que había a unos cientos de metros para refugiarnos.

Alcanzadas estas, nos pusimos de acuerdo de hacer una meada comunitaria.

—¿Qué?

—Tendremos que seguir.

Aprovechando la sombra de las carrascas avanzamos por la loma hasta ver el término de Adobes. De allí a la Rambla era cuestión de dejarse llevar cuesta abajo.

Es un decir…

Empezamos más bien la bajada. Es un decir, visto cómo iba el personal. El fresquillo de la sombra era de agradecer, hasta aceleramos más de cuenta la marcha. La cosa iba…

De pronto la cuesta empezó a empinarse hacia abajo sin avisar, las piernas se aceleraron pasándose de revoluciones y los pies perdieron los pedales de los frenos entre tanto guijarro suelto. Los pocos reflejos hicieron acto de presencia y el accidente se presumía casi inevitable.

—¡Ojo!

—Que nos vamos a tomar por culo.

—¡Ahí que va!

¡Puumba!

—¡La jodimos!

La cosa acabó…

Bajamos dando tumbos por la dichosa cuesta en medio del pedregal del camino con el garrafón incluido, yendo a parar a la orilla de un pipirigallo que nos estaba aguardando.

Y menos mal porque por lo menos caímos en un colchón blando de hierba.

Quedamos desparramados por medio de la finca sin ganas de levantar el vuelo. El sol todavía no apretaba en el barranco y la humedad de la hierba todavía conservaba una jugosa y apetecible alfombra con olor a fresco.

Uno de tales que andaba medio moribundo y esparramado, deliraba y reclamaba su suerte.

—Yo me quiero morir aquí.

Nadie le contestó. Debían estar todos de acuerdo.

Como nadie estaba en desacuerdo, todos nos apropiamos de su deseo y estiramos nuestros cuerpos todo lo largo que pudimos.

El frescor del forraje se había embriagado del anís y de todos los licores que llevaba emborrachado el garrafón al caer precipitado y rodando por el camino. Nunca un **piazo** de pipirigallo había destilado semejante perfume y de tal intensidad.

—¡Huuummm!

El paradisiaco olor parecía manar de la mismísima tierra como efluvios hipnotizantes. Nuestros cuerpos no pudieron resistir tal embriaguez y se abandonaron a la hierba, invadidos por una misteriosa fuerza de placer. La muerte en tales circunstancias, más que evidente era inevitable.

Uno de los cuales, que no sabía lo que decía, espetó…

—¿Nos morimos un rato?

Nadie le contestó. Debían estar todos de acuerdo.

Un par de bocanadas a cielo abierto fueron suficientes para que el desmayo fuera general.

—¡Huuummmm!

—¡Aaahhhhhh!

Todos muertos.

Pasaron los minutos…

El sol seguía comiéndose la sombra de la cañada poco a poco, casi sin apenas avisar, y como el que quiere darte una sorpresa, llegó sigilosamente a nuestros cogotes. Como si de un letargo invernal se tratase, fue calentando nuestros cuerpos inertes y nuestras almas empezaron a recuperar la vida como si de un milagro se tratase.

Resucitamos como si naciéramos de nuevo.

—¡Ufffff!

Amanecimos a la luz de la nueva vida en medio del campal del pipirigallo como parias abandonados al destino y sin asistencia de comadrona de ninguna clase. Cada cual se dio vida como pudo. La torpedad de la situación nos obligaba a repetir los intentos para poder ganar la verticalidad. Debía ser la intuición homínida que va en los genes de cada persona la que nos ayudó a ponernos en pie.

El primero en resucitar miraba el paisaje a medio sentar, sin entender por qué narices se encontraba en dicho lugar y con semejantes modales. Miraba al resto desparramados alrededor suyo, como titubeaban tanto o más que él para incorporarse.

Pensó, reflexionó un poco, dio por buena la dicha y hasta cuando se dio cuenta de la realidad se echó a reír.

—¡Vaya la que hemos liado!

—Y encima sin garrafón.

—Lo mal que lo vamos a pasar.

Uno intentaba levantarse.

El otro se reía porque se medio caía.

Cuando quiso contestar…

—¡Eh, que te vas!

—¿Y tú que…?

—Pues andamos a la par.

De momento todavía no andaban.

Aún tuvieron que pasar unos minutos para que resucitaran todos, con los ojos cegados a la vista, la mente perdida en el espacio y el equilibrio deambulando por el piazo como sonámbulos.

Uno que no las tenía todas consigo…

—Parecéis chotos recién nacidos.

—Pues anda que tú, un cabrito con patas ortopédicas.

—Ahora verás…

Iba hacia…

—¡A tierra!

—Que he tropezado en un **terrón**.

—Sí, sí, en un terrón.

La situación era tan esperpéntica que no tuvimos más remedio que tomárnoslo a cachondeo. Incluso algún gracioso intentó imitar al que no se tenía en pie, tirándose a la hierba.

—Allá que voy.

—Otro a tierra.

Otro muerto.

El rato que duró el parto para nacer todos a la vida, es tan difícil de imaginar como el intervalo de moribundos, chotos y cabritillos que pasaron para poder recuperar la dignidad como personas.

Supongo que, dada la ceguera mental que llevábamos, para unos sería un largo rato en el paraíso celestial lleno de ángeles y de arcángeles paseándose entre nebulosas plagadas de margaritas y de mariposas de indescriptibles colores, o tal vez un infierno plagado de cornúpetos diablillos peleándose con luciferes rabones.

Que yo recuerde, nada de nada. Lo único que me despertó del sueño fue una resaca de sabor a vino y anís. Mi cabeza andaba medio atolondrada sin saber cómo reaccionar.

Poco a poco y a base de trompicones y tropezones fuimos haciéndonos casi homínidos, hasta conseguir ganar la honradez de volver a ser seres humanos plantígrados. Andábamos medio derechos con el caminar más bien torcido y vagabundeando.

Cuando ya nos reconocimos como nosotros mismos, montamos una algarabía de aquí te espero, hasta una banda de pájaros que había en las inmediaciones salieron volando espantados y aplaudiendo del sainete teatral que habíamos representado.

Vaya idea, ponerse a aplaudir. La cosa no debía ser para tanto, que la función era real y a pelo, es verdad, pero de los actores no constaba que hubiera ningún especialista. Alguna que otra razón tenía que haber para semejante ajetreo alrededor del lugar.

Y es que como homo sapiens que ya nos considerábamos, abandonamos nuestra entelequia y razonamos el presunto motivo. Tan ilógico era que hubiera tal cantidad de pájaros en un sitio tan secano, como que los tuviera que haber si existiese agua en las inmediaciones del arroyo.

Y tras haber perdido el garrafón con la bebida, era vital encontrar agua para la supervivencia. *(Ahora que razono, menos mal que se rompió la garrafa, de lo contrario no llegamos al pueblo hasta el día siguiente).*

Pensado y hecho. A investigar.

Uno, que es más astuto que el hambre, sabía que cuando un pájaro se acerca a un lugar es por algo. *(Éste había mojado la encañadura más de una vez en pleno agosto en cualesquiera de los charcos que hay por el término del pueblo).*

Avanzó unos metros y gritó.

—¡Agua!

—Debe ser un espejismo.

—Que no, agua de verdad.

—Toma ya, qué puta casualidad.

—¡Anda!, trae el garrafón y déjate de tonterías.

(Éste debía estar aún medio atontao porque no se había enterao del desaguisado al bajar la cuesta).

—¿Qué garrafón?

—¡Coño! el que traíamos de Tordesilos.

—Mira, hay está en medio del piazo.

El espejismo se nos presentó en forma de **chilanco**, una **ciégana** con más plumas y cagadas de pájaros que parecía una **pocilga**.

La tentación hizo que por momentos nos volviéramos de nuevo homos neardentalis, y nos lanzamos, sin pensarlo demasiado al agua, cual perro preso de un ejército de pulgas.

—Pa dentro.

Todos a refrescar las ideas.

Es un decir, porque aquello más que refrescarnos el cuerpo y la mente, parecía un calentorro caldo de los que te daban para resucitar a los muertos. Y puestos al caso, nos iba a venir que ni pintao.

¡Ploffff!

Chapuzón que te crio.

Manotazo al agua.

Vaya como nos pusimos. No éramos conscientes de lo que estábamos haciendo.

Otro revolcón.

¡Agua va!

Estábamos todos como pájaros **esporretos**, chapoteando el agua hasta convertirla en un cenagal.

Como cerdos, solo faltaba que gruñéramos. Más que liberarnos de nuestra torpeza, lo que hicimos fue embarrarnos de toda inmundicia hasta las orejas. Por un momento recordaba aquella charca donde se revolcaban los jabalís para aliviarse de los parásitos que cubrían sus cuerpos.

Cuando salimos… Unos parecían pajarracos por la gran cantidad de plumas que cubrían sus cuerpos, otros cual marrano retozando al sol y perro recién **espulgao**. Todos intentando limpiarse y asearse lo mejor posible para poder recomponer la figura y que las vestimentas no se negaran a reconocer a sus dueños.

Puede que, dada nuestra inconsciencia, hubiéramos seguido un rato más, pero alguno que daba señales de cordura, se dio cuenta de que el sol y la empinada loma que aparecía enfrente, avisaban que el camino que quedaba por hacer era largo y penoso. De largo, lo sabíamos seguro, de duro, lo que nosotros y el terreno hiciéramos.

—¿Y qué, sino había otro remedio?

Como sabíamos que andábamos jodíos físicamente, nos propusimos alcanzar de golpe el Royo Molino, donde poder abrevar de nuevo y de paso reponer nuestras precarias fuerzas. Todos ya repuestos y dispuestos, el chapuzón en el cenagal invitaba a salir corriendo, igual que perros recién bañados.

Subimos el Collao la Vaca a duras penas. Este repecho debe tener por lo menos una pendiente del 90%, o por lo menos eso nos parecía a nosotros. Por aquí hace años intentaron hacer un camino que comunicara Adobes con Tordesilos para evitar dar tanta vuelta, y cuando llevaban la mitad de la cuesta abandonaron la obra. Cosa razonable, porque por allí solo se puede subir con mulos y gracias.

Seguimos andando hacia el Pozuelo. Nos habíamos desviado un poco del camino real, pero la intención era ver si aún quedaba algo de agua en el abandonado pozo.

Nada de nada.

Seguimos por las Lomas…

De las Lomas, las he andado cantidad de veces y en todas épocas del año, pero te aseguro que en esta ocasión se hicieron más largas que nunca, una verdadera travesía del desierto.

No quiero ni pensarlo.

Por recordar, mejor nada.

Por abreviar…

Solo decir, que aparecimos bajo unos árboles tirados todo lo largo que éramos en medio de la hierba junto al arroyo y a escasos metros de un **atajo** de ovejas que estaban asestadas bajo unos ciruelos. Estábamos en Molinicos.

Ya estoy en Molinicos
Molinicos es todo magia
Como un paraíso sutil
Y un castillo de hadas.
Molinicos, Molinicos
Molinicos todo agua
Quietud, paz y soledad
Y unas gotas de magia.

Ya despiertos, repetimos las abluciones correspondientes de agua en el arroyo. Nos dimos por bautizados y a la vez aliviados. Habíamos recuperado levemente las fuerzas. Hasta contábamos con la ayuda de Dios. Y falta que nos iba a hacer.

Cuando vimos la cuesta que teníamos presente, nos miramos unos a otros más que para darnos fuerzas, para desearnos el pésame.

—¡Madre mía, la que nos queda!

—Y…

—Pobre cuesta.

—Eso digo yo, pobre de nosotros.

—Y encima con el solitrón que pega.

—¡Buafffff!

A tales horas de la mañana, ya pasadas las diez, en estas fechas de mediados de agosto, y en tales circunstancias personales *(léase lo antes expuesto)*, como que no se presumía nada halagüeño. El sol se iba a cebar con nosotros de manera irremediable y nos iba a obligar a pagar nuestra penitencia.

Como autómatas subimos. Bueno, subíamos poco a poco por entre los peñascos que cada vez se hacían más altos y escarpados. La vereda que nos llevaría a Cerrosmolinos no parecía mejorar, siendo más pedregosa y empinada. La única inyección de estímulo que recibíamos era el pinchazo de alguna aliaga al desviarnos del camino en un mal paso o traspiés.

—¡Dios mío, por qué nos has abandonado!

Y llegamos.

¡Eureka!

Menos mal.

Estábamos en el Atajuelo, que era como estar en el pueblo. ¡Dichosos los ojos que te ven!

El pueblo se nos apareció como si fuera una foto de postal. El parón fue tan rápido que no quisimos volver la vista atrás.

Cuando llegamos arriba, una bufanada de aire infló nuestros pulmones y nos llevó casi volando hasta la misma Badía. Todos nos dimos por aliviados pensando en el azaroso viaje que habíamos padecido.

—Ahora sí que estamos. Esto es coser y cantar.

Que mejor ocasión para decirlo, hacía tiempo que no había oído una frase tan apropiada para un momento tan oportuno.

El humor de la gente iba cambiando.

—¿Si queréis repetimos hoy la aventura? Nadie respondió al cachondo de turno.

—No sé cómo lo preguntas.

—Te deberíamos dar un par de hostias.

—Anda, tendremos que ir a alguna fiesta más. Aún nos quedan las de Alcoroches, Checa y Orea.

—Bueno ya veremos, primero nos tendremos que recuperar.

Hablando llegamos a la Fuente en un santiamén.

Era como un milagro.

Nos santiguamos con la señal de la cruz con su agua bendita para dar gracias por haber llegado vivos y coleando. Unos palmotazos de su agua fresquita del jaraíz nos recompusieron de nuestras desgracias y nos despejaron las ideas. Esto no lo volvemos hacer ni borrachos.

A estas alturas, y con las horas pasadas desde comenzó la historia, ya no quedaba ni indicio de alcohol en nuestras venas, habíamos sudado la gota grande y chica que llevábamos en nuestro cuerpo y lo único detectable era el aspecto de cansancio reflejado en nuestras caras.

Seguimos…

Empezamos a acercarnos al pueblo por el camino de los Quiñones. Nuestra idea era que no nos viera mucha gente, pero a estas horas ya estaba todo el mundo en sus quehaceres y hasta a más de uno nos estaban esperando.

Unas gallinas esbarriadas por las afueras del pueblo merodeaban por la orilla del camino hacia los rastrojos recién segados en busca de los cuatro granos de cebada y trigo. Que ocurrencia, liarnos a pedradas en busca de que alguna diera con las **escarbaderas** a tierra y propinarnos una merienda-cena a la tarde.

Nosotros mismos nos delatamos con el revuelo. Lo único que conseguimos fue levantar un gato que estaba acamado en espera a que algún despistado cayera en sus fauces.

Se acabó la historia.

Estábamos en el pueblo salvos y vivos.

Y mira por dónde…

—¿Quién es ese?

—Yo qué sé.

Estábamos a escasos treinta metros de las casas, pegando a la carretera que va a Piqueras.

—Viene para acá.

—¿Qué querrá éste?

—Pues…

(Algo quería pedir. Eso supusimos).

Al momento…

—Buenos días.

Serían para él, porque pa nosotros…

—Buenos.

—Tampoco es que sean tan buenos.

(Ya está, algo nos pide).

—A ver, ¿si me pudierais echar una mano?

(Ahora sí que la hemos jodido).

—Usted dirá.

—El coche que no me arranca.

(Todos nos negamos en silencio, y aceptamos).

No dijimos ni pío.

Le seguimos como lazarillos.

(Con lo cerca que estábamos de casa y ahora va este y nos jode).

Le seguimos por la carretera hasta llegar a donde tenía el coche.

—Yo monto y vosotros empujáis cuando os diga.

A la primera intención, ni caso.

A la segunda, que si quieres arroz Catalina.

Ya habíamos llegado al Prado.

—¡Venga! Otra vez.

A la tercera, que no le gusta el arroz a Catalina.

A la cuarta, que no quiere arroz Catalina.

Ya estábamos en la Ermita.

—La última.

Y ya empezaba cuesta arriba.

A la… ni caso.

No hubo más intentos.

Díose por convencido y desistió en el intento. *(Qué inteligente).*

—Sabéis qué, lo vamos a dejar, debe ser una avería gorda.

Nosotros fuimos como lazarillos, y como tales cumplimos. Allí no empujó ni el más pintao, cada cual dejaba que empujara el siguiente y éste al consiguiente. Si rodaba algo el coche era porque nos recostábamos del cansancio y eso nos reconfortaba.

—Y a todo esto, ¿quién es?

—Yo qué sé, algún veraneante.

—Pues que le den morcilla. ¿A quién se le ocurre pedirnos ayuda en las condiciones que vamos?

El buen señor había entendido de nuestra voluntad y torpeza, y hasta se ofreció a pagarnos una invitación en el bar cuando llegara la ocasión. Si digo verdad, la voluntad se nos notaba en la cara, lo que nos faltaban eran las fuerzas.

—Vámonos pal pueblo.

No hubo lugar para presentaciones. Él se fue por su lado rumiando su mala suerte, nosotros por el nuestro purgando la penitencia de la pecaminosa noche anterior. Cada cual con su penitencia.

Horas después, conocimos que el tal señor era el actual Simón, marido de la Isidora hija del tío Santos el cartero.

Y nos invitó, vaya que nos invitó. Aquello del coche fue pecata minuta.

Por cierto, buena persona.

Ah, lo de ir a tomar morcilla, lo debió coger al aire y se lo tomó al pie de la letra.

No creo que sea rencoroso.

Pero no se le olvida.

Pasaba el tiempo, todo parecía olvidado.

Él era de Burgos y viajaba con frecuencia, de paso se traía algún que otro embutido. Según él eran los mejores de España.

—Hala, tomar morcilla. Donde las dan las toman.

—Y qué ricas.

—Las mejores con diferencia.

—Va, si él lo dice…

Pues le damos la razón y santas pascuas.

Mientras unos andaban de fiesta en fiesta por todos los pueblos de la comarca, unos cuantos vecinos estaban enfrascados en plena tarea de la recolección. Por aquellos entonces, las herramientas más sofisticadas consistían en la hoz, el carro romano, el trillo, el aventado manual, la **talega** y el **atroje**. Por estos ahoras, con la revolución industrial, ya rondaban por el pueblo un par de cosechadoras que no paraban de saltar ribazones para dar cuatro vueltas a un piazo y poder justificar el trabajo de todo un año a cuenta de una talega de trigo.

Dicen que a uno de ellos se le estropeó la máquina por dos o tres veces por culpa del terreno, y harto de tanto mal de ojo, cogió los **bártulos** y se largó. Nunca más se supo de él.

Yo te iba a seguir contando, pero…

—¡Quieto!

—A ver si te vas a saltar la página. Que ya has pasado por alto más de una, que me he dado cuenta.

—Si no te interesa, ya puedes cerrar el libro e irte a paseo. Pero lejos, por lo menos a la Torrecilla o la Cruz de Hierro.

Te iba a contar…

—Ah, ¿no lo cierras? Pues en ese caso sigo contando.

A ver, que yo te lo cuente en primera persona de singular, no quiere decir que tú no estés en segunda o tercera, o que seamos nosotros, vosotros o ellos. Cualquier historia puede ser de cualquiera, o no ser. A todo el mundo le ha pasado algo parecido de una manera u otra, sea aquí, allá, antes o después, que para el caso es lo mismo. Puede que esté metido en casi todas, para eso lo cuento yo que me acuerdo de ello, pero eso no es impedimento para que tú te apropies de alguna aventura pasada o que la sustituyas por otra cualquiera y como a ti te dé la gana.

Además…

—¿Y lo divertido que es recordar los tiempos pasados?

Te podría contar la que nos pasó en Checa, o en los toros de Alcoroches, o la de Hombrados. Ésta es muy buena, si hay tiempo luego te la cuento, porque además íbamos un montón del pueblo, y medio **turuletas**.

Por ser…

Ahora que me acuerdo…

La que se armó con los pollos.

—¿No la sabes?

Buaaa, pues resulta que aquel día íbamos por lo menos una docena entre mozos y zagalindrones. El caso es que veníamos de fiesta de un pueblo que ahora no me acuerdo, puede que fuera el Pobo, y al pasar por Tordellego se nos ocurrió…

En realidad, no fue ninguna ocurrencia, estaba más que meditado y pensado. Lo había que haber hecho antes, pero no se presentaba la ocasión, el caso es que esa noche se daban todas las circunstancias favorables, y no era cuestión de subir al pueblo con las manos vacías.

La verdad es que lo de los pollos no estaba previsto. Les tocó a los de siempre. Cada vez pagaban el pato los más jovenzuelos. Para eso se les dejaba venir de fiesta y por eso habían pagado la entrada de mozos. Echarse a suertes, se echó, pero como era de noche y con nocturnidad, nadie rechistó.

A lo que íbamos…

Era de noche, noche cerrada, el pueblo apenas con tres bombillas en los callejones del centro, pues ya habían jodio otro par a pedradas, y visto que el asunto de la rapiña se presentaba facilón, nos pusimos manos a la obra.

Apenas llegamos a la altura del cementerio y libres de toda sospecha debido a la oscuridad de la noche, paramos los coches y apagamos las luces para no hacernos visibles. Nos quedamos quietos y en silencio hasta que solo se oían las ranas graznar y las chicharras murmurear por el campo. Todo estaba a punto.

El jefe, que no te voy a decir quién era, les conminó a los aprendices de rapiña a que fueran por las eras a cepillar unos **culatos** de trigo o lo que saliera a pelo, para luego convertirlos en moneda de curso legal y poder pasar un rato de juerga en cuadrilla.

La historia se convirtió en rana por culpa de una efímera tormenta de verano que había caído por la tarde y que obligó a los tordelleganos a meter a toda prisa el cereal a los atrojes.

Como principiantes no tenían ni puta idea, y no hubo manera de convertir la rana en realidad, así que para no volver con los coches vacíos y que los actores se pudieran reivindicar de su error, se les dio la oportunidad de acercarse a una casilla que había cerca del lugar e indagasen qué podía haber de utilidad en el lugar.

Desde el cementerio lo único que se podía percibir era a unos perros que se pusieron a ladrar sin parar en dirección a la carretera. Nosotros nos temimos lo peor y hasta estuvimos a punto de arrancar los coches y largarnos más lejos para que no pudieran sospechar que éramos los de Adobes.

—Esperar un poco que he oído ruido.

—Me parece…

En apenas unos segundos aparecieron dos bultos por la carretera volando a toda pastilla. El cacareo y revoloteo que traían encima, hizo que revoloteáramos también nosotros y nos pusiéramos a cubierto dentro de los coches.

—¡Vámonos!

—¿Pero qué habéis hecho?

—¡Hostias!, lo que hemos podío.

—La que habéis armao.

—¡Vamos, arranca!

Según contaron ellos mismos debieron armar un **estrapalicio** de mucho cuidao. Las plumas volaron por todos los lados de la casilla y el par de pollastres que arremangaron les costó más de un coscorrón entre los pilares y los maderos para poder hacerse con ellos.

Aún revoloteaban los pollos entre las nalgas de los autores del delito, cuando los coches ya salían escopeteados a toda pastilla cara arriba hacia el pueblo. Mientras llegamos al pueblo no pararon de piar. Era de noche y había que buscar una solución para guardarlos sin que nos delataran.

—Te los quedas tú.

—Te los llevas tú en la cuadra.

—Traer para acá.

Éste no tenía reparo ninguno, estaba acostumbrado a estas circunstancias.

—¡Venga! Trae.

Cuando quisieron decir pío ya se les había retorcio el **pescuezo**.

—Toma, ahora ya no hay problema para guardarlos.

—Qué bestia. Anda que como trates así a las mozas.

—¡Hostia! Parecéis tontos.

—Mejor tontos que asesinos.

—Va, va que hay que irse a dormir.

—Pues, buenas noches.

Y pasó… que al otro día nos comimos los pollicos fritos con tomate. Desplumarlos lo hicimos detrás de las piedras del Cañuelo, freírlos en la barbacoa del prado, comerlos al pie de las mismas piedras y a la sombra de los árboles. Lo único que sobró fue el tomate.

Y pasó… ¡Vaya tomate que se armó!

Debían ser las siete de la tarde del mismo día, cuando se presentó el damnificado del pueblo vecino con las pruebas de la evidencia del hurto llevado a cabo en su casilla. A saber: una **tomiza** con las medidas de las zapatillas de los presuntos y unas calcas pintadas en un trozo de cartón con las labores que habían dejado impresas las huellas. Solo le faltaba el acta de detención.

Según él, venía a avisar antes que denunciar. Claro, si tenía que haber sospechosos, seguro que los mozos. Y vaya ocurrencia, como si lo presumiera.

Sus sospechas debían estar más que fundadas, no era la primera vez que le pasaba, ni tampoco sería la última. Su casilla estaba justo a la salida del pueblo y era un reclamo para atropellar las gallinas por el día y sisar algún pollastre por la noche. Lo único que buscaba saber era si habían sido los mozos de Adobes o no.

—Si habéis sido vosotros decírmelo, que no va a pasar nada.

—¿Nosotros…? Qué va.

—Mirad que si lo denuncio tengo las medidas y hasta las labores de las zapatillas que llevaban.

En aquello que, como tenía tan cerca a los autores que casi podía tocarlos, se dio cuenta que un par que llevaban zapatillas escondieron sus pies en medio de la mesa. Se estaban delatando llamativamente.

—Habrán sido de otro pueblo.

Él lo intentó por tercera vez.

—Pues tendré que denunciar a la Guardia Civil.

—Habrán sido los de…

Como todo era habrán, habrán, habrán, y como era imposible seguir hablando sin que piaran los pollos, aún casi en la boca, y visto lo visto y la cara de buena persona que aparentaba, no tuvo que recurrir a más intentos. Si hasta las ropas olían a pollo chamuscao.

El jefe de la panda de los mozos, que no era otro que E----ete, por razones de edad y de mando, fue el que tuvo que dar la cara.

—Hemos sido nosotros.

—Si ya me lo olía.

—¿Qué se va a hacer?

—Pero ¿a quién se le ocurrió la idea?

—Ya sabes, cosas de mozos.

—¿Y no habrá sido la primera vez?

—No vayas a poner en duda a los mozos de Adobes.

—Mira que…

—¡Anda! Vete tranquilo que esto ya no va a pasar más.

—No, no, si tranquilo ya me voy porque sé que habéis sido vosotros, pero los pollos tan hermosos ya no los recupero.

Y colorín, colorado este cuento se ha acabado.

Se acabó el tomate.

Caso resuelto.

Si es que eres del pueblo y estás rondando el tiempo del pasaje o anterior, no vayas a decir que nunca te has comido un pollo, gallina, similar o parecido, porque no voy a creérmelo. Que de hacer los cien metros lisos volando detrás de las gallinas descarriadas por las orillas de los pueblos, era lo habitual. Bien sabían que su integridad física se la jugaban a la orilla de la carretera, a salvo que estuvieran más listas que el conductor del vehículo que pasaba, y más si se trataba de una cuadrilla de jovenzanos.

En ciertos momentos y épocas sirvieron de suplemento a la escasa dieta de las casas, si bien es verdad que otras veces era por pura distracción para pasar el rato o para pegarse un atracón, aunque fuera con huesos y plumas incluidos.

Que yo sé de uno que estaba cada dos por tres de jarana comiendo conejo gratis, y no pienso decir el nombre porque no es del pueblo, y solo se enteró que eran de su propio corral cuando fue a echarles de comer forraje y vio que cada vez comían menos.

Que no viene ahora al caso, pero te contaría de asados de cualquier tipo de pájaro, ave, roedor o parientes de estos, que se han echado a las ascuas de muchas lumbres que se encendían por allende de los vallejos, con unos granos de sal como único condimento, con tal de saciar un poco el hambre aunque fuera a revueltas de ceniza. Quien no se ha chupado los dedos con un crujiente muslo de cuervo o graja. Casi se me hacía la boca agua.

Ahora que recuerdo…

Hay un nido de paloma torcaz en el Barranco de las Escalerillas que tienen que estar los pichones a punto de echar a volar. Cualquier día de estos, y a no mucho tardar, nos encaramamos por las ramas y subimos gateando hasta el nido a cogerlos.

Era primavera avanzada y entrada de verano, cuando todos los animales del pueblo suelen criar aprovechando el calor y la abundancia de comida para alimentar a las crías y **chillambres**. Por estas fechas los muchachos estábamos obligados a ir a dar de comer a los mulos a la dehesa, una vez haber acabado el horario de la escuela. En otras ocasiones nos mandaban a recoger **gamones** para los cochinos.

Casi siempre solíamos salir todos juntos o por cuadrillas de edades, más que nada por seguridad y siempre con alguna persona mayor o mozo al cargo. Una vez en el lugar trabábamos los mulos de las patas delanteras y nos dedicábamos a corretear e investigar los nidos. Era cuestión de paciencia y de observación, no fallaba nunca, al final se tenían que delatar al ir a dar la comida a las crías.

En la cuadrilla que yo estaba incluido éramos cinco, y solía coincidir con la quinta en cuestión, vamos el año de nacimiento. Siempre era secreto de confesión el lugar de la ubicación de los nidos y si alguno se chivaba se le echaba del grupo.

Como norma apuntábamos en una pequeña libreta el lugar, fecha del enguero y el cálculo del saqueo. Que dependiendo de la clase de pájaro, ave o mamífero variaba el abandono del nido o camastro.

Que, por hacer ascos, lo mismo se preparaba una paloma en pepitoria, que unos pájaros fritos, o unas ranas, o un gardacho a la parrilla. Daba igual lo que fuera y cómo fuera. El caso era engañar al estómago y la cosa lo que se pusiera por delante.

—¿Te acuerdas aquel día en el royo Molino?

—Eso fue suerte.

—¿Y el día de los gorriones con los sacos?

—Ah sí, pero eso fue con nieve.

—Sí, en los pajares.

—Cómo caían.

—Y qué ricos.

Pero volviendo a las fiestas…

No sé si contarte más, porque debes tener la cabeza tarumba. Bueno, por si acaso te lo cuento.

Un día nos bajamos una cuadrilla de jovenzanos a la fiesta de Hombrados. Cosa rara, porque no solía ser un destino habitual y además quedaba un poco lejano del pueblo. A vista de ojo, siempre que nos asomábamos al Castillo lo veíamos con cuatro casas a la lejanía al pie de la Sierra de Caldereros y a escasos metros de la ermita de San Segundo.

Si digo verdad el destino no era Hombrados, pero como ese día teníamos alquilada la furgoneta de E----e-e para toda la tarde-noche, pues tras pasar por el Pobo a alguien se le ocurrió decir que eran fiestas, y dado que nunca habíamos estado allí, decidimos dar una vuelta.

Nos pusimos en órbita, y en un santiamén nos presentamos en el pueblo. Pronto nos dimos cuenta que la fiesta iba en serio por la música y la gente que se movía ajetreada por las calles. Hasta ahora todo normal. Aparcamos la furgoneta y nos dirigimos a la plaza.

Pero ¡hete aquí!, cuando desembocamos en la plaza todo el mundo bailaba y la música no se veía por ningún lado, ni daba señales de vida.

¡Milagro!

Eso pensamos nosotros.

Música sí que había, pero nosotros no habíamos dado con ella. Allí todo el mundo se movía, pero ni se sabía de dónde salían las notas, ni quién las amenizaba.

Acabada la pieza en solfa, abrimos camino entre el gentío para incorporarnos a la palestra del baile, observando que había solicitudes y peticiones a gritos, dirigidos hacia la ventana de una casa adyacente.

No había milagro, menos mal.

Era pura realidad.

Ver no vimos a nadie, de los músicos claro está, pero supimos que la supuesta orquesta estaba aposentada en una alcoba del piso superior acondicionada para tal evento.

Dos piezas nos costó reconocer a los supuestos músicos. En realidad, ni siquiera eso, a la primera de cambio nos dimos cuenta. Para certificar con toda seguridad que eran P---c- y la T---s-, esperamos unas piezas más y salimos de todas dudas.

No podía fallar, el ritmo los delataba a voces y más sabiendo que los instrumentos se componían de un tambor y un acordeón.

Hasta aquí casi todo normal, a no ser que... Decidimos echar un trago en el bar por cumplir con el ritual de fiestas y nos encontramos con la gente apostada en el mostrador esperando su turno, beber bebían y rondar los vasos por la barra a docenas, pero no veíamos a los camareros. Cosa rara.

—¡Venga! Pide.

—¿El qué...?

—Lo que sea.

—Espera, que no hay camareros.

—¿Cómo que no hay camareros, si están sirviendo?

—¿Qué te digo que no hay camareros?

Nos apretujamos un poco más a la barra.

—Lo ves, como no hay camareros.

—Pero si están sirviendo bebidas.

—¡Joder!, ¿y quién sirve?

—Yo qué sé.

Ya estamos igual que antes con la música. Vaya pueblo más raro.

—Acércate más.

—Que te digo yo…

El mosqueo era más que evidente, teniendo en cuenta que las botellas y los cubatas salían a docenas por el mostrador.

—¿Ves cómo hay camareros?

—Mira ese, acaba de salir con dos cervezas en la mano.

—¡Hostias!, pues es verdad.

—Aquí parece que todo el mundo se esconde: primero la música y ahora los camareros.

Teniendo en cuenta la cantidad de movimiento que iba y venía a la barra, el servicio tenía que ser de lo más eficiente. La única forma de salir de dudas era intentar acercarnos al mostrador lo máximo posible.

Estábamos ya en segunda fila, cuando…

—Bueno, ¿pides o no?

—Espera a ver.

—¿A ver qué…?

¡Coño! En aquello que…

—¡La madre que me parió!

La cosa era para echarse a reír. Entre los hombros de los que se empujaban para ser los primeros en ser servidos, solo se veían asomar los brazos de los camareros. Brazos por todos lados y a toda ciberina.

—Que sí, que hay camareros.

—Pues pide.

—Espera que me toque.

—Llama a cualquiera.

—Que no se ven.

—¿Qué?

—Son enanos.

—¿Qué?

—Lo que te digo.

—¡Anda la hostia!, por eso no se veían.

Poco a poco el turno de pedir se iba acercando, y la certeza se confirmaba en el hecho de que eran enanos y, además, una familia entera.

La curiosidad en ciertos casos es la mejor aliada de la vista, y mi perplejidad puede asegurar que eran tan chicos como cacahuetes y tan rápidos como los ratones. En cuanto alguien les pedía algo, salían disparados como cohetes. Vaya rato que pasamos. Y eso que era la primera vez que íbamos a la fiesta de Hombrados.

Qué lejanas quedan estas aventuras de aquellos años de parvulito de escuela, en que el mes de agosto las únicas resacas que podía coger la gente eran las de una parva de trigo sobre otra de cebada, y que se combatían con la fiesta que daba un trago de vino al anochecer a la luz de la luna. Y no es que los años estuvieran muy lejanos en el tiempo: apenas dos décadas fueron las encargadas de cambiar el panorama de este pequeño pueblo serrano, con las susodichas y reiteradas emigraciones a las grandes ciudades y la invasión de las nuevas tecnologías agrícolas. Algunos de los que tuvimos ocasión de convivir con esta situación tuvimos la gran suerte de disfrutar de las siguientes. No cabe duda de que simplemente son distintas y producto de una sociedad en constante evolución.

Es increíblemente llamativo cómo en tan pequeño espacio de tiempo —tres escasas décadas— se pueda dar un cambio tan grande y tan brusco en el quehacer diario de las familias que habitaban tantos y tantos pueblos de nuestra geografía. El siglo XX, por muchas razones, es el siglo de las transformaciones, sobre todo en las culturas centro-europeas y en especial de la nuestra propia, aislada del resto de las naciones en un pasado reciente, debido a nuestra duradera dictadura.

Claro que, visto con los ojos de la historia y con el egocentrismo actual con el que nos apropiamos, otros siglos podrían apropiarse tal circunstancia con los mismos derechos que el siglo XX. ¿Quién podría discutirle a Galileo o a Leonardo da Vinci sus reivindicaciones? ¿Quién a los faraones sus inmensas y majestuosas obras? ¿Y a Aristóteles, Sócrates o Platón? ¿Y a los fenicios, asirios, griegos, nabateos, o a los aztecas, mayas e incas?

Eh…

¡Madre mía!… ¿dónde me he ido a parar?

Lo siento, me he metido en una cueva ciega, y para salir tendré que encender alguna tea y dedicarme a observar las pinturas rupestres.

Mientras, reflexiono y sigo.

Con tanto ajetreo de fiestas, bien estaría hacer una pequeña tregua y dar al cuerpo un merecido descanso. La próxima fiesta estaba al caer. La de Alcoroches daba un respiro de unos días, y la de Checa juntaba sus vísperas con los toros de la anterior, para con ello poder compartir ambas a la vez y revueltas, y así que el gusto del consumidor decidiera.

Los mozos ya ponían los antecedentes en público, preparando la excursión con su debido tiempo para que no pillara de improviso a las familias. Los carteles ya lo llevaban pregonando con más semanas de adelanto por todos los bares y lugares públicos.

Cada vez que llegaba una fiesta, salía a relucir la misma cantinela:

Los padres que no querían entenderlo.

Las madres, que «si quieres arroz, Catalina».

Los unos, que «ni se te ocurra».

Los otros, «ya veréis la que os espera».

Algunos: «Dejadlos que vayan, coño».

El gallinero de mujeres cada vez se veía más revuelto, sin gallo que pusiese silencio al cacaraqueo. En tiempos de ahora, incluso había jovenzanos que perdonaban la comida con tal de estirar la pata un rato más en la cama. Durante la tarde había más que tiempo para acicalarse y prepararse para irse de nuevo de jarana. Si fueran otros tiempos —siempre anteriores, del futuro nunca se puede predecir—, ya se iban a enterar. A estos se les quitaban las ganas de vildoreo con unas cuantas parvas de trigo.

Un par de mozos que los habían echado de casa por estar aún en la cama y por gandules se cruzaron por la esquina de la calleja donde estaban las mujeres sin parar de murmurar, y no les hicieron ni puto caso; y eso que, por las miradas acusatorias, se dieron por aludidos. Estaban más que acostumbrados a tal situación, y lo mejor era hacer la vista gorda y el sordo. No debieron de tardar mucho los mozos en salir botando y organizarse. Algo estaban planeando, y a no mucho tardar se despejarían las dudas. El gallinero de la calle sospechaba, como sospechaban los mozos y mozas, que, fuera lo que fuera, no iba a tener su consentimiento.

—¿Habéis visto qué educación?

—Eso es lo que les enseñan.

—Y lo que queda por ver.

—Pues andamos arreglaos.

—¡Ay, de aquellos tiempos!

Seguramente, si a los mozos de los años cuarenta y cincuenta les hubieran dicho que iban a estar de fiesta un día sí y otro también en el mes de agosto, no solo no estarían en condiciones de hacerlo por las tareas de la recolección, sino que ni se lo imaginarían. Para ellos, el futuro era otra cosa, algo inimaginable.

—¿Quién iba a pensar que todas aquellas horas de trilla que ocupaban todo el día se iban a solucionar con cuatro máquinas a pedales o a motor, y que permitirían dar licencias para poder disfrutar en pleno verano de todas las fiestas de los pueblos?

Otra vez me he enrollado. Ya no sabes ni quiénes eran los de antes ni los de después. Ni cuándo era una cosa ni la otra.

—Pues espabila, que ya llevas páginas como para poder situarte donde debes.

En el siglo XX, por la mitá más un cuarto.

Las sospechas de las madres estaban más que fundadas.

—¿Qué llevarán entre manos hoy?

—Ellos sabrán, porque no sueltan prenda.

—Ya nos enteraremos.

—Mañana seguro.

Los mozos tenían pendiente una licencia inexcusable que cumplir, y no era cuestión de demorarla, pasase lo que pasase y lo dijera quien lo dijera.

La cosa ya no pintaba bien, y la tensión entre los mozos iba subiendo cada día más. De hoy no pasa.

El piso pendiente de pagar ya olía mal desde hacía unas semanas, y no caían más razones para retrasarlo. El precio específico de la moza en promesa había costado más de una noche de discusiones y negociaciones en el bar, y el precio tasado de su valor era el equivalente a un cordero lechal a escoger entre los rebaños del pueblo.

La merienda en cuestión se llevaría a cabo en el lugar denominado popularmente como el Prado de las Barracas, y la bebida, los ajos, el aceite y la sal, por cuenta de los mozos asistentes; y las mozas, a escote.

En la calleja, las sospechas aumentaban en proporción a la cantidad de mozos que aumentaban.

—Estos la van a armar gorda hoy.

—Sí, algo llevan entre manos.

Mientras las madres andaban cavilando y haciendo suposiciones en la calle, los mozos aprovechaban para ir sisando todos los aditivos necesarios para condimentar la carne del cordero, que ya estaba más que tieso colgando en una de las casillas del Cerro.

Y ellas, dale que te pego a la lengua.

Y los mozos, sin soltar prenda.

Una parrilla que se cruza por el callejón…

Visto y no visto.

—¿Habéis visto eso?

—Una parrilla.

—¿Una parrilla?

—Pues entonces hay chicha.

—Me parece a mí que…

—Que hay **piso**.

Aún rondaban dándole vueltas al asunto, cuando la parrilla ya iba por la carretera camino de la dehesa. Todos los mozos desaparecieron como por arte de magia, y sin licencia de ninguna clase. La licencia de dar el visto bueno al piso suponía estar de acuerdo en el noviazgo solicitado anteriormente. Tampoco era cuestión de dejar a la moza soltera y pa monja.

La dueña del borrego en venta ya había llevado a buen recaudo el valor de la tasación de la moza, y parece ser que se le había escapado por algún rincón del pueblo.

—Si Jesucristo se apareció a las mujeres, es para que lo pregonaran rápido. ¿Lo has pillao?

—Eh…

—Ya sabes, la voz corre que vuela.

En apenas unos minutos lo sabían todas.

—Por lo menos pesaba unos veinte en canal.

—Jodo, casi les toca a kilo por persona.

—¿Ves? Yo sabía que algo tramaban.

—Y a ti te lo van a decir.

—La madre que los…

Mejor dejemos la familia tranquila, que todos hemos sido jóvenes.

Vamos a seguir como Dios manda.

Las meriendas eran…

(Hay que aclarar que nos hubiera gustado que fuera un lechal, pero ni la dueña estaba por la labor, ni el jefe de la comparsa lo aprobaba. —Que el borrego sale mejor de precio y tiene carne pa hartarse).

Cuánta razón tenían. La experiencia es un grado. Pues sí, las meriendas eran una repelea de insumisiones a la hora de repartir las tajadas. Siempre se empezaba por el mozo más veterano o jerarquizado de la cuadrilla, con su visto bueno al asado y garantizando el acatamiento por parte del personal. Y, aun así, siempre había algún tecla. Ni que decir tiene que las mejores chichas eran para los buitres leonados —llámense veteranos, caraduras y tragatomizas—, dejando al resto para el grupo de rapaces —entiéndase mozalbetes, mocosos y pedigüeños—.

Tras el atracón de unos y las ganas de otros, esperaba la Balsa de Valdelopez para poner colofón a la fiesta y terminar de hacer la digestión.

Bueno, es un decir, porque algunos no llegaban ni a hacerla.

Algunos, y a pesar de sus buenas tragaderas, tardarían largas horas en conseguir que los jugos gástricos de su estómago pudieran asimilar los kilos de carne que habían ingerido en la andorga. Hubo quien se comía las chichas crudas con tal de hacer el acopio de la semana.

La Balsa de Valdelopez, por estas fechas, tiene menos agua que el Puntal de Caimorro —o lo que es lo mismo, nada de nada—, y teniendo en cuenta la época, su verdor y tierno césped invitaba a hacer algún que otro retozo o hasta siesta personal. El calor del vinillo y el sofocón del verano se aliaban para que fueran momentos propicios para recordar y revivir aquellos juegos y putadas de chavalangos. Es más que seguro que a algún mozo novicio se le dio la «cagarruta morena», o los «cortos», y si salía al caso, se le hacía el «avión» o la «vaca». Y si, por casualidad, se había invitado a las mozas, qué mejor ocasión para echar unas «talegas». El caso era pasar el rato de la mejor manera posible y, a poder ser, que acabara la fiesta en paz.

La cosa casi siempre acababa mal. O bien, depende cómo se mire. Mal para los que no sabían controlar la **cogorza** del vino, y peor para los que se la tenían que aguantar. Al final, todos terminaban pringaos hasta las orejas.

Y hartos de vino, asomarían por la Boca del Arenal a la puesta del sol en grupos desorganizados, recitando cánticos populares como presagio de la continuación de la juerga una vez alcanzado el pueblo.

Cualquiera les decía nada o se metía con ellos.

¡Peligro se avecina!

Yo podría resumirte en cuatro líneas en qué consistían esos juegos antes mencionados. —¡Ca!, es inútil, hay que vivirlos y hasta padecerlos para poder saber exactamente de qué se trata. Hay que echarle un poco de imaginación y unos buenos jetazos de vino de preámbulo. Y llamo jetazo al trago de vino con su correspondiente cuenta por parte de los asistentes, hasta aguantar o llegar más que el anterior. Claro está, siempre hay que hacerlo, a las buenas o a las malas, y llegado a este extremo, no es de extrañar que la imaginación se permita cualquier atrevimiento, sea del agrado de los presentes o no.

Y pobre de aquel que saliera corriendo —o volando— para el pueblo, porque si tenía la suerte (mejor mala suerte) de que lo cogieran en el camino, tendría la ración normal como cada quisqui, y además ración doble por su intransigencia. ¿Porque puestos en solfa, te imaginas…?

La cagarruta morena: Se da por la boca pero no se come, se escupe.

—¡Qué asco!

El avión: Cosa de hombres. Casi siempre con el culo y las posaderas al aire, para disfrute de las mozas. La vaca: Para las mujeres. Siempre acababa con la falda al aire, con el consiguiente enfado y espantá de la concurrencia.

Los cortos: Cosa de machos. Casi siempre les tocaba a los de la entrada de mozos o a los más jovenzanos. A poco que se pudiera, quedaban con el bajadillo colgando. Cargar las talegas: Unisex. Sistema de parejas mixtas (mozo y moza), uno boca arriba y otro boca abajo, que se iban balanceando sobre un burro compuesto por otros dos en cuclillas. Juego propicio para ver nalgas, posaderas, entrepiernas, refajos y trapos íntimos de mujer.

—¿Capiscas algo?

—Pues entonces no sigo.

Sí que es verdad que están descritos sin muchos detalles para no herir la sensibilidad de algunas personas.

Como siempre, o casi siempre, la cosa acababa mal, o medio mal, pero con resaca al día siguiente.

Y ya sabes…

—¿Que a qué hora acabaron?

—Que vaya la que armaron.

—Que si fulanito iba borracho.

—Que si menganito se pasó con menganita.

—Que sí…

—Que si patatín, que si patatán.

Que da igual lo que digan. Después de casi un año sin celebrar un piso, ¿qué querían, que nos quedáramos como pavos? Y lo mejor es que ya se estaba preparando otra. O eso dicen. Que las mozas van a hacer el chocolate de la novia pasado mañana.

—¿Pero es verdad?

—Sí, pues otra pa celebrar.

¡Viva la fiesta!

¡Viva!

Ahora hablo por mí.

Yo siempre usaba como remedio para quitarme la resaca de las fiestas y de las juergas el irme a tomar el aire al campo.

Lo que para unos se convertía en pesadilla con el estábulo de la cama, para mí era una resurrección gratificante.

Aprovechaba cualquier resquicio que daba la puesta del sol o la tranquilidad que brinda el amanecer del día, con su aire fino y limpio. Aquellas horas en que el silencio del pinar y el piar de los pajarillos casi te llegan a molestar los oídos. Aquel día me había cogido una bicicleta todoterreno que tenía por casa y me la llevé de compañera. En realidad, el todoterreno era yo, porque la pobre bicicleta ya no tenía ni frenos y la metía por todos lados por donde no debía. Y como era con más frecuencia de lo debido, pinchaba a menudo, pero eso sí, siempre llevaba por lo menos dos juegos de repuesto.

La pura casualidad quiso que uno de los pinchazos fuera entre las aliagas, y es que la puta costumbre de ir mirando donde no debe y fisgonear todo lo que hay alrededor me hizo salirme del camino y aterrizar entre aliagas y enebros. No es que fuera la primera y única; la peor de todas fue el aterrizaje con compligeta incluida bajando por la Olla de las Avenas, donde di con todos los huesos por tierra, incluido el escafoides.

Cualquier ocasión es buena para observar el paisaje, y más teniendo en cuenta que la naturaleza te sorprende en décimas de segundo —visto y no visto—, y si no estás al acecho, ¡zas!, te lo perdiste.

Y debía ir mirando de reojo, porque iba guiando mi bicicleta por una vereda de cabras, pero la casualidad quiso que los peñascos llamaran mi atención, y más concretamente el bulto que yacía en todo lo alto.

—Cosa rara, tal vez si me acercara unos cientos de metros podría descifrar el significado de semejante bulto.

Una vez cerca, me di cuenta de que había una paidera al resguardo del pie de los peñascos.

—Buen sitio, pensé yo. Al solano, un gran majadal, una colmenilla de agua a sus pies y un carrascal a unos cientos de metros, con salida directa al monte. Aquí el ganao tiene que disfrutar comiendo y descansando.

Me había adentrado en el término de Alustante casi sin darme cuenta, como podía haber sido cualquier otro término vecino. Yo me meto por donde sea; aquí no hay aduanas que nos impidan el paso, y puedes elegir el que más te guste.

A lo que iba…

Supuse, a primer golpe de vista, una persona en acción contemplativa. Tal actitud, más que imaginación mía, era producto de un hábito que un servidor, en reiteradas ocasiones, llevaba a práctica en ciertos lugares como sesteros, puntales, oteros o sitios propicios para la relajación corporal y mental del espíritu.

¡Caray! Grave error el mío. Era un señor buitre apostado en lo alto de los peñascos, con más paciencia que el santo Job, a la espera de la carroña correspondiente.

Como mi paciencia no sabía de prisas, me aposté a la sombra de una arlera de la manera más prudente posible, para mejor observar a tan peculiar inquilino.

El largo rato dio para que el señor buitre tuviera tiempo para acicalarse, despiojarse y desparasitarse todo su cuerpo en un constante balanceo de cuello y testuz. Estaba a gusto, seguro, y más con el campanilleo de los cencerros de un ganado próximo.

Ahora ya sé lo que esperaba.

La hora, ya cerca de las once de la mañana, y el calor del verano no estaban por la labor de mantener por mucho tiempo el ganado en el monte, a pesar de que el claro-oscuro carrascal era más que adecuado para pastar. De hecho, por estas fechas, se solían llevar los atajos de ovejas lejos del pueblo para aprovechar el frescor del monte.

Mientras yo permanecía observando al personaje, otro atajo de cabras se adelantó a las ovejas y se refugiaron alrededor del corral de la paidera, buscando la sombra. Ya se sabe, o se debería saber, que las caprinas, cuando descansan, aprovechan para rumiar de nuevo la comida.

—¡Qué inteligentes! Primero comen todo lo que pueden y luego lo degustan tranquilamente.

El viejo buitre gesticulaba cada vez más, y su peluda testuz cardenalicia se balanceaba, dirigiendo su mirada hacia la paidera.

Los cencerros cada vez se presumían más cercanos, y el viejo buitre cada vez se sentía más inquieto. Las cabras, por su parte, cada vez llamaban más la atención. Todo parecía cuestión de minutos.

Yo seguía parapetado entre las zarzas; semejante bicharraco no me daba confianza ninguna, y mejor no delatar mi presencia para mejor contemplarlo, y si tenía que haber riña, que fuera con las cabras.

La cosa estaba…

—¿Mira que si se tira?

—Ese se tira.

La impaciencia que llevaba aguantando yo no debía ser nada con la que se le suponía llevaba encima el viejo buitre. Las gesticulaciones de sus alas presumían un desarrollo más que inmediato.

—¿Que se tira?

—¡Ya está!

Razón tenía yo, me la venía venir.

Cuando menos lo esperaba —en realidad lo estaba esperando—, abrió sus inmensas alas y se precipitó al vacío con una majestuosidad inusitada. Planeó por encima de mi cogote varias veces, temiéndome lo peor, hasta que tomó la dirección de la paidera. El carrusel rumiante que llevaban las cabras entre dientes se convirtió en un desaforado remolino de huida, en ¡sálvese quien pueda!

No pude remediar el tener que ponerme en pie y salir de mi escondite para mejor poder seguir las secuencias del acontecimiento, que tan reales y verídicas se representaban a mi vista y a mis incrédulos ojos. Fueron unos escasos minutos, pero inmensamente reconfortables.

Tras vacilar y marearse de dar tantas vueltas, planeó de nuevo a su lugar de origen como si nada hubiera pasado.

¡Vaya susto! El de las cabras.

Yo, tanto o menos.

En realidad, no pasó nada, porque asomaron los perros del atajo de ovejas ladrando, y no se dirigían al buitre, sino a un servidor, como si yo fuera el culpable de la situación. Seguramente me trataron de ladrón o algo parecido; el caso es que se colocaron en guardia delante del rebaño, y allí no había quien se acercara.

Aguanté entre el matorral el rato suficiente para que fuera llegando el rebaño de ovejas y su pastor, sin ocultar mi presencia. Los perros, sin embargo, no paraban de insistir con sus ladridos, acercándose cada vez más hacia un servidor. En vista de cómo se ponía el asunto, me hice presente al pastor para que los chuchos me dejaran en paz.

—¡Eh…! Que soy yo.

El escueto saludo fue suficiente. Nos entendimos con un raso, buenos días y un cómo va.

Los perros se dieron por aludidos y, con la **venia** del pastor, se retiraron entre las matas a descansar.

—¿Cómo tú por aquí?

—Aquí que pasaba… y al ver el bicharraco de buitre en el peñón, me ha dado por fisgonear un poco.

—¿Tú eres de Adobes?

—Del mismo.

—Ya me parecía, te tengo visto.

—Seguro, con la bicicleta.

—¿Porque te pierdes por aquí?

—Por conocer los rodales del término.

—¿Que me decías antes…?

—El buitre ese que hay apostado.

—¿Ese? Lleva varios días allí, apenas se mueve.

Relatado el hecho al pastor en presencia viva del buitre, no le sorprendió lo más mínimo; muy al contrario, estaba más acostumbrado a convivir con él y hasta lo consideraba uno más de los que a diario le dan compañía a su larga soledad en el monte. Que yo insistiera en el hecho de sobrevolar la paidera y del revuelo de las cabras en el majadal ante su presencia no alteró su dicho anterior, y, por el contrario, me invitó a que le acompañase.

Me orilló a un ribazón que había aún a centenar de metros y me enseñó una oveja muerta de un par de días.

—Mira, ¿ves por qué está allí?

Yo me acerqué al muerto sin reparo alguno, como el que sabe de qué va el asunto, y le confirmé su pregunta.

—Pues estaba bastante gorda.

—¡Quia! Que va, lo que pasa es que cuando se mueren se hinchan como pelotas, a no ser que mueran raquíticas. De momento aún nos podemos acercar, pero con la calorina que hace, pronto la pestuza nos hará que no nos podamos acercar.

—Lo que más siento es que era una borrega de las buenas.

—Ya me parecía a mí que tenía buena pinta.

—¿Qué se le va a hacer?

—¡Lástima!

Seguíamos hablando…

Los perros ya no hacían ni caso, seguían tirados por la hierba. Cuando el aire no sopla a favor, pasan estas cosas. Las cosas no son lo que queremos. Podía haberse muerto la oveja vieja que va rezagada, pero la vida tiene estas cosas.

—Aquí, siendo ganadero y pastor a la vez, venga de donde venga el aire, siempre sopla al contrario y al revés.

—¿Tan mal va?

—Mira allá.

Apenas anduvimos unos metros y nos encontramos con un paisaje desolador: varios esqueletos de otras tantas reses estaban esparcidos como si se tratase de un cementerio.

—Mira, ves, ni los perros se acercan. No quieren saber nada ni de carne, ni huesos, ni ná.

Yo seguía con el oído puesto en las explicaciones que me iba dando el pastor y con la vista puesta de reojo en el peñasco donde permanecía impasible y parsimonioso el viejo buitre.

—¿Lo ves? Él se encarga de limpiar la huesera y de quitarme el mal olor del majadal. Por eso es imprescindible que ronden por aquí los carroñeros. Elemental para seguir el curso de la vida.

Seguimos hablando. Más que yo darle confianza, quiero pensar que él necesitaba dármela a mí para poder charlar un rato más. Tantos días teniendo que pasarlos entre balidos y ladridos no era de desaprovechar semejante ocasión.

Me di cuenta de que necesitaba seguir hablando.

Él seguía preguntando.

—¿Así que de Adobes?

—Pues sí.

—Uno de tantos de la capital.

—Según cómo se mire.

—¿Y quién te manda venir por aquí?

—Uy, yo me pierdo por cualquier sitio.

—El de la bicicleta que veo muchas veces.

—El mismo.

—Ya, ya.

—No eres el único. De mil a cuando suelo ver algún perdido por el monte. Todos dicen lo mismo. Que si es muy sano, que es muy ecológico o como se diga eso, que si patatín que si patatán. Ya los querría ver yo en el mes de enero, cuando se te corta la respiración y se quedan los mocos helaos.

—Yo lo hago.

—No me lo creo.

—Créaselo.

—Pues serás de los pocos. Algo buscarás.

—Por **cazurriar** un poco.

—Así cualquiera. Eso es diversión y no devoción.

Los minutos iban pasando. Él no paraba de hablar a la vez que iba recomponiendo la destartalada puerta del corral y las piedras que se habían llevado las ovejas en su atropellada entrada. Yo seguía escuchando con detenimiento todo lo que decía. Las preguntas de uno tenían las respuestas casi inmediatas del otro. Los dos estábamos interesados en alargar la conversación.

—¿Y qué tal por la ciudad?

—Bien, ni fu ni fa.

—Pues aquí, ¿ya ves?

—De lo que veo, casi todo lo envidio.

—Tú no sabes cómo vivimos.

—Del vivir no sé. Hay tantas formas.

Un silbido seco e hiriente espantó a los perros que se hallaban tendidos en la sombra. Un peñazo sin mala intención hizo que ahuecaran y cogieran el camino hacia el pueblo a todo trote. Sabían de memoria la lección y cómo recitarla.

—Ya verás como cuando lleguen a esos chaparros se paran. Siempre esperan a que llegue. Son muy listos. Sin ellos estaría perdido. Hay cosas imprescindibles para estar en el pueblo, y los perros son necesarios, sean para cazar o guardar los ganados.

Él estaba a punto de coger el morral y la garrota y emprender el camino de regreso. Yo aguardaba.

—Bueno, si algún día vuelves por aquí, no estaré lejos.

—Seguro. Hasta la vista. Ha sido muy amable.

—Lo dicho, adiós.

El rato que estuve charlando fue un recital de ciencias naturales. Aquel sabio pastor llevaba razón cuando me decía que hay que saber convivir con la natura y nunca ponerse en contra; de lo contrario, ella se vengará de nosotros un día u otro. Aquel buitre, me respondía, como el resto de animales, nunca son dañinos; los hacemos nosotros cuando nos interesa que sean y porque necesitamos arrebatarles su espacio natural. En el tiempo que llevo en el campo, nunca he tenido el mínimo contratiempo con ninguno jamás. Uno se acostumbra a su compañía y hasta son necesarios.

Yo seguía pensando…

El pastor se iba alejando por la estrecha senda que tenía en propiedad desde hacía años, con paso firme y ligero. Los perros seguían al dueño con su armonioso trote.

El viejo buitre seguía apostado como una estatua.

Yo ya no sabía qué hacer.

Mi vista plasmó por última vez la imagen de aquel pastor con andares hechos a campo a través, casi reinventando la historia de aquellos homos **aférensis**, dando una lección de la evolución de su especie. Era la imagen palpable e innata de la raza homínida para adaptarse al medio donde sobrevivir: un terreno como el que configuraba la morfología de esta zona quebradiza, irregular y llena de arbustos y matorrales variados.

Los perros ya habían desaparecido por el horizonte; el pastor dejaba salir los últimos borbotones de polvo de las abarcas, y yo no tenía claro qué camino tomar.

Tras pensar un poco, hice un simple giro de cabeza para despedir de mi vista al buitre que, viendo su actitud de aguante, me di por enterado e inicié mi viaje.

Un par de razonamientos me dijeron que el pastor debía llevar razón y que era inútil que permaneciera más tiempo allí. Sabio pastor. Seguro que ahora irá pensando en uno de tantos veraneantes que se dicen amantes del campo y de la naturaleza, y no sé cuántas **monsergas** más de ecologistas.

A mí no me parece así, pero puestos a su altura y a su tipo de vida, puede que así sea y así lo parezca. Uno puede ser medio tonto, tonto entero, tonto de remate y hasta analfabeto en según qué cosas.

Doy por buena la lección por lo que pueda pasar.

Así que adiós.

No sé por qué me he metido en esta historia, ni qué narices pinta esto aquí y en las fiestas del pueblo. Yo tengo que seguir el camino, aunque sea de vuelta. Tú, si quieres, te saltas las páginas y tan amigos.

Andaba dando mis primeras pedaladas sin mucho afán y con la vista bizca de tanto mirar hacia qué lado ir. Tuvo que ser la propia bicicleta sola la que tomara la iniciativa y se pusiera al trote cuesta abajo para que le prestara un poco de atención. En un momento me bajó hasta la carretera que va de Tordesilos a Alustante.

—Ahora que pienso, puede que lo que te cuento te suene a chino. De cuento no tiene nada, ni es inventado. Es real como la vida misma y sin la mínima exageración. Te puedo dar datos exactos del lugar. Eso sí, luego tú lo tienes que buscar.

El peñasco en cuestión está situado sobre un elevado castellote que se levanta a escasos metros de una paidera que hay al lado de la carretera que une los pueblos antes citados, y a la mano derecha en dirección a Tordesilos.

No tiene pérdida ninguna, pues tiene perfecta visibilidad el lugar. El número kilométrico te lo tendría que buscar.

—Si esperas un poco, te lo busco.

—Tú, mientras, puedes dejar de leer, silbar o tocarte las narices.

—Me parece que lo tenía en una libreta colorá.

El tío se puso a chiflar.

—Firififi, cucú, tras, tras.

—Un momento, que no lo encuentro.

—Pues como no te des prisa…

—Lo tenía… Que te veo, te estás metiendo el dedo.

—¡Anda ya!

—Ya vengo.

—Verás, como al final me salto la hoja.

—¡Joder!, no hay manera.

—Me suena a una canción: **No hay manera** de Coque Malla.

—Ya lo tengo. Carretera comarcal mmmm, kilómetro mm.

—Qué cachondo. Ahora me viene con esas.

—Si te atreves, coges la bicicleta y te vas a ver si es verdad o no lo que digo.

—¡Anda ya!, vete a tomar…

—¿Busca, busca?

Yo sigo con mi camino de regreso al pueblo. Éste, si quiere buscar, que busque, y si no, que pase página y a otra cosa, mariposa.

Seguí por la carretera unos cuantos kilómetros hasta llegar a Alustante. Pasé de largo del pueblo por detrás del camposanto y de la iglesia para ir a dar al antiguo camino de Adobes, ahora convertido en pista forestal y principal vía de comunicación entre Adobes y la provincia de Teruel.

Enfilé la larga y tortuosa cuesta hasta llegar a unos gamellones que hay junto a una chopera, donde sus piernas se negaron a seguir pedaleando. *(Por aquí era por donde robábamos las peras y las manzanas cuando íbamos a la fiesta de Alustante).* Si miraba hacia arriba, no me quedaban ganas de seguir, así que hice un pequeño descanso.

Me refresqué con unos palmotazos de agua y de nuevo me eché a la cabalgadura con la intención de sobrepasar las paideras y llegar al falso llano. Y tanto que era falso. ¡Hospitalera con la **cuestecica**! No había manera de llegar arriba.

Y me tuve que parar. El cruce de caminos estaba a cuatro pasos, así que aproveché para dar unas bocanadas de aire fresco e hinchar los pulmones, y decidir qué camino tomar.

Si sigo recto por la misma pista, me veré obligado a llegar a la Cruz de Hierro y empalmar con la carretera; si, por el contrario, debería torcer a la derecha y acortar por el vallejo de la Olla de las Avenas, pasando por el Ojillo y, de paso, poder echar un trago de agua fresca.

Ni lo pensé. Prefería pasar sed antes que volver a tropezar en la misma raíz del mismo pino y del mismo lugar. No estaba dispuesto a dar otra vez la compligeta y romperme el escafoides.

Bueno, hay otra opción. A veces la he hecho y no es nada descabellada. Salir por toda la loma del mojón de Alustante hasta llegar a las piedras de Peñarubias. Desde aquí tenía la posibilidad de coger el camino de concentración que pasa al lado de la Cueva y que lleva al Villarejo.

No vayas a pensar que la idea era mala. A excepción de unos cientos de metros por el término de Alustante, lo demás es llano y cuesta abajo, menos la subida de la Chavida, pero eso ya me lo conocía de memoria. Por esta ruta hay un par de puntales con unos sesteros perfectos para la contemplación y el descanso. Si la vista te alcanza, puedes ver por el norte el Moncayo, los molinos de Mazarete, los castillos de Molina y toda la Dehesa Somera.

Y por el sur, toda la Sierra del Tremedal, el Caimodorro, la Sierra de Javalambre y de Valdelinares con sus pistas de esquís, todos los llanos de Pozondón y parte de la Vega del Jiloca y Sierra Menera. Por no añadirte, con un poco de suerte o unos prismáticos, algún ciervo, corzo o jabalí.

Por encontrar, cualquier cosa. El monte siempre tiene reservadas sorpresas para aquellos que lo disfrutan y lo cuidan.

¡Vete a saber!

Yo, por encontrar —y siempre que te pierdes te encuentras con alguna sorpresa sin querer—, no me encontré con persona alguna, cosa normal por el sitio donde **andurriaba**, pero sí que tuve la suerte de contemplar algo que no había visto nunca.

Pasaba a la altura de…

Fue el azar, casi seguro, como casi siempre. Uno no puede pasar por este lugar y no tener la atención de al menos dirigir la mirada por aquello de si hubo, hay o habrá. Cosas de leyendas.

Y es que, según cuentan, en esta cueva —y me refiero a la Cueva de los Moros—, hace años dicen que vivían…

Hablaré del tema cuando venga a cuento y, a poder ser, muy en serio. Prometido.

Ya empezaba a coger la cuesta abajo cuando, de repente… ¡Zas!

—Algo se ha movido.

Frené la marcha y me apeé de la bicicleta, dejándola apoyada sobre una carrasca. Sigilosamente avancé unos metros sin apartar la vista del lugar y di un rodeo por la loma para mejor posicionarme y parapetarme cerca de la entrada de la cueva.

Yo seguía sigiloso.

A los pocos segundos… ¡Zas! Otra vez.

Visto y no visto.

Seguí avanzando con sumo cuidado hasta llegar a unos enebros que había junto a la boca de la cueva, a unos escasos ocho o diez metros del lugar, y desde donde podía ver con toda clase de detalles lo que allí se movía. El sitio me garantizaba que, fuera el bicho que fuera no llegaría a descubrirme.

Por si quedaban dudas, el aire venía de cara, lo que hacía que, si olían, no les llegara el **usme** del cuerpo humano y, por lo tanto, no sospecharían de mi presencia.

Además, yo estaba dispuesto a aguantar lo que hiciera falta.

Pasaban los segundos… Uno, dos, tres, cuatro…

¡Zas!

—Toma ya, uno que asoma las orejas.

Y otro.

Y otros dos más.

Cuatro zorrillos como cuatro soles. Todos ellos de color canela tirando a **bayo**, con un pelo brillante y sus orejillas todas **pitas**, atentas al más mínimo movimiento. Por su tamaño, no debían tener más de dos o tres meses —nacidos en primavera, seguro—.

Uno se atrevió a subir a la loma. No me había visto.

Los otros le siguen.

Su desconfianza innata no les dejaba pasar de la elevación natural de la boca de la cueva, dedicándose a husmear y fisgonear entre las aliagas y los enebros, donde se sentían protegidos. Apenas unas carantoñas de jugueteo y poco más. En cuanto el atrevimiento de uno de ellos se pasaba de la raya para otear el horizonte, el resto retrocedía de manera inmediata hacia la entrada de la cueva. Seguro que estaban más que aleccionados por sus progenitores del peligro que corrían si se desviaban más de la cuenta. La enseñanza no está reñida con el instinto natural.

A fin de cuentas, eran cachorrillos sin mala fe, tan ingenuos que apenas estaba a diez metros de distancia y casi podía tocarlos. Puede que la inteligencia sea más sabia que el instinto.

De momento no corrían peligro alguno en lo que a mí se refería, simplemente me dedicaba a observarlos y a estar lo más calladito posible. La ocasión así lo requería y era de aprovechar.

Cada vez lo tenía más claro: no me habían visto ni oído, y eso que constantemente no paraban de alzar sus hocicos y sus orejas en todas direcciones en busca de alguna sospecha. Yo creo que estaban más pendientes de que llegara la madre para amamantarlos que otra cosa.

Otra vez que corren para dentro.

¡Zas! ¡Zas!

Vistos y no vistos.

Otra vez, uno, dos, tres...

Medio minuto y...

¡Zas! ¡Zas!

Pasaban los minutos...

—Eh, eh.

—A ver, ¿para cuánto rato hay? ¿No nos vayas a tener aquí entretenidos hasta que tú quieras?

—Es que es muy pesado. Verás cómo los minutos se hacen horas.

—Sabéis qué os digo... que en las higueras hay higos.

—¿Y a qué viene eso ahora?

—Pues que os vayáis a hacer puñetas.

—¡A tomar viento, vámonos!

—Ni caso.

Como iba diciendo...

Tras observarlos detenidamente largo rato, decidí coger una piedrecilla y tirarla hacia donde estaban. El sobresalto fue mayúsculo y la huida más que estrepitosa.

Al poco, uno, dos, tres, cuatro. Otra vez que asoman los cuatro zorrillos como cuatro perrillos, igual que si no hubiera pasado nada, tal vez con la mirada más sigilosa y con menos ganas de jugueteo.

Otra vez para dentro.

Vaya cachondeo que llevan.

De momento me estaba sumando a la fiesta, y esta era de las que aparecen raras veces. Añadía una fiesta a la otra.

Y así las veces que hizo falta. Las **escondicucas** por parte de un servidor de "me asomo" y "te veo" se convirtieron en el juego de "te veo" y "me escondo".

Pasaron más minutos...

El caso es que yo no podía estar allí todo el santo día observándolos, y más viendo las ganas de jugar que tenían. Tal vez pensé: si salen tanto de la cueva, no debe ser por mí; quizás estén esperando el regreso de la madre y por mi culpa se les retrase la comida.

El reloj seguía parado. —Eso es mentira, porque yo nunca llevo reloj, ni de pulsera, ni de bolsillo; me guío por el sol y en estos momentos hay un nublo y me he quedado sin saber la hora.

Lo que era seguro es que yo también tenía que comer y se me estaba haciendo tarde.

Hasta los zorrillos me dieron la razón.

¡Lárgate ya, pesado!

Di por aceptado el inusual acontecimiento vivido y me fui en busca de mi bicicleta para abandonar el lugar.

—Ves, mira por donde hay que salir, que luego cuando uno cuenta aquello de hubo, hay o habrá, se hace realidad. Casualidades de la vida. La mañana había sido generosa, yo diría que muy generosa: primero el buitre, luego las ovejas y las cabras, y ahora los zorrillos. Habrá que seguir buscando casualidades.

Abandoné el lugar con las orejillas de los zorrillos observándome por entre los enebros. Yo me monté en la bicicleta y, tras echarles una última mirada, enfilé el camino de regreso al pueblo.

Me desboqué por la cuesta por ver si ganaba un poco de tiempo, y tras dejar atrás el Villarejo me puse en pie en la bicicleta para repechar la subida de la Chavida. Fue ver el pueblo y lanzarme a toda pastilla hacia la Chorera, la Bartezulea y la Fuente Vieja. Sabía que llegaba tarde y que lo más seguro es que cuando llegara a casa tuviera capote, algún resto de la comida o, en el peor caso, tener que tirar de un trozo de chorizo con pan.

Lo mejor de todo es que había pasado la resaca del día de la fiesta y encima disfrutando de lo lindo.

—¿Ya no te acordabas que estábamos en fiestas?

La mañana llevaba en horas lo mismo que yo perdido en el monte, y todavía había muchos mozos que andaban revueltos entre sábanas. Luego veremos qué cara sacan.

Estando en lo que estamos, te voy a dar un consejo: si tienes bicicleta y tú eres un todoterreno, te propondría que aproveches tal circunstancia para perderte por el campo; y si no la tienes, te calzas unas buenas botas y que te lleven donde quieran. Seguro que lo agradecerás.

Yo te daría unas cuantas rutas por donde ir a hacer el tonto, pero tú puedes elegir cualquier otra que te sea más interesante y apetecible. Las hay muchas y muy variadas, y no tiene que hacer el tonto.

—¡Hazte el tonto!, te lo aconsejo.

Si mi memoria no me es infiel, yo tenía apuntado en la libreta colorá unos cuantos recorridos facilones por donde perderse un par de horas al día a la puesta del sol. Mientras me hago con los apuntes, te voy a contar brevemente cómo me vino esta afición a la bicicleta, y por qué además la considero más que apropiada para disfrutar por el término de Adobes, dado su relieve montañoso y a la vez nada agresivo.

Aclarado quede que yo no soy ningún experto. Como deportista he sido un continuo querer, y no será porque no he probado en infinidad de especialidades —que de intentonas las he hecho siempre que he podido—, y en la mayoría he salido trasquilado, a salvo en mi etapa del colegio lejos del pueblo. Allí sí que mis intentonas dieron su fruto, y hasta tuve la suerte de ser campeón provincial en varias ocasiones en atletismo. Todo a base de esfuerzo, entrenamiento y alguna que otra fractura de huesos. Eran otros tiempos.

Seguramente de esos posos, estos lodos.

Y viene al caso...

Ya de niño por el pueblo tuve una bici que le regalaron a mi padre con la compra del pedido de la tienda. Era de segunda mano, vieja, chunga y **escachufla**. A fin de cuentas, era un privilegiado en el pueblo.

Y sigo...

En cierta ocasión, siendo mis hijas en edad de parvulitas, me obligaron a ir un día a Perpiñán, en Francia, para cumplir con una promesa de comprarles las dichosas bicicletas, que por entonces ya proliferaban por todos los parques de la ciudad donde yo residía, y que no era otra que Barcelona.

Por cruzar la frontera no era, pues por aquellos entonces ya éramos medio europeos y con el carnet de identidad te sacaban la pinta y te dejaban pasar al otro lado. La cuestión no era otra que sacar la pasta a los españoles.

La broma hecha efectiva en francos franceses parecía tan barata como engañosa, porque a la hora de la verdad y al cambio en pesetas se convertía en tan gravosa como en territorio español. Eso sí, podías elegir entre cincuenta mil el color, el modelo y la talla, y hasta presumir de que era de importación, con lo cual el engaño quedaba disimulado.

No habían pasado ni cuatro semanas desde que se habían estrenado las bicicletas, cuando tuve que hacer el correspondiente viaje de dominguero como cada **quisqui** con las bicis encima de la baca. El caso es que el viaje no era de domingo, era al pueblo.

Y menos mal que el viaje con las bicis al pueblo solo fue una vez. Por el camino, la baca no estaba de acuerdo con las bicis y cada dos por tres aparecían colgando por las ventanillas. Paro que paro, una y otra vez, aburrimiento total: malditas bicis. Malditas bicis, estas se quedan en el pueblo para siempre.

Y mira por dónde, un día sí y otro también, poco a poco me fui aficionando.

Y no es que yo me haya convertido en un ciclo-turista, ni mucho menos. Aquellos hacen parte de su vida una simbiosis entre naturaleza y bicicleta; yo, un pobre aficionado que apenas se atreve a guiarla con una sola mano cuando me pica la nariz, y que se ha apropiado de la modernidad para sacarle un poco de jugo al esparcimiento y al deporte de campo.

Puede que la primera que tuve la iban a tirar a la chatarra, pero mi padre le buscó solución echándola al camión de abasto de la tienda. —Les debió decir: antes de tirarla, mejor aprovecharla para los chavales.

Si digo verdad, costó más el collar que el perro. La bicicleta en cuestión, nada; el acondicionarla para que dieran vueltas las ruedas al darles a los pedales, tanto como los disgustos que se llevaban los padres cada vez que pinchabas o volvías con ella escachará.

Y eran tantos los **cacharrazos**.

Por recordar, aquella vez que… ¡vaya cacharrazo! Y con apuesta incluida para más inri.

Estábamos una cuadrilla de chavales encima de las piedras del Cañuelo y nos jugábamos el bajar la cuesta en la bici con las manos levantadas y sin usar el freno. A la alcantarilla no llegó ni uno, eso seguro; la mayoría iban a parar nada más empezar al terraplén, y en mi caso salí volando por los aires por lo más alto del ribazón, yendo a aterrizar al medio del trigal.

¡Madre mía, qué golpetazo! Casi me duele aún.

La voltereta fue de tan mala raza que el manillar de la bici se metió por la entrepierna del pantalón corto y fue a salir por la bragueta, con el consiguiente destrozo de la indumentaria y los siguientes maratones por la ingle y sus partes íntimas.

Si doloroso fue el tortazo, más dolorosos fueron los mantecaos que me regalaron cuando volví a casa. Y a todo esto, la bici hecha un tres catorce dieciséis, o lo que es lo mismo, parecía una "pi" y sin augurios de arreglo. A la pobre se le destinó un rincón en la cuadra con veredicto de sentencia a cadena perpetua.

Tras el paso de los años descubrí que el binomio bicicleta-hombre no dependía de cuestiones matemáticas o amorosas, y sí, por el contrario, era el complemento directo para conjugar con la naturaleza. Incluso siendo complemento indirecto también se podía disfrutar, aunque fuera a ratos sueltos.

Yo soy andarín por excelencia, lo era antes cuando me tiraba la mitad del tiempo cazando con mi primo Cosme; ahora menos porque la trócola, la rótula, la cadera y hasta los juanetes te ponen trampas a cualquier hora. La excusa de la bicicleta es por aquello de salir de la rutina diaria y agilizar un poco las piernas y el corazón de forma distinta.

Que puestos a escaparnos, podemos elegir a cualquier lado.

Por elegir, casi que lo más sencillo es coger una de las cuatro rutas.

—¿Qué te parece?

—Cualquiera, qué más da.

—Lo digo por aquello de los cuatro puntos cardinales.

—Como si son ordinales, en bici no hace falta brújula, como en burro; lo único es mantenerte en pie y no descabalgarte.

—Entonces, ¿vamos pal sur?

—Pal sur mismo.

—Pues pa arriba.

—Mal empezamos.

—¿Por qué?

—Hombre, siempre he oído que el sur es para abajo.

—Pues aquí es pa arriba.

—O sea, hacia los pinos.

—Eso mismo.

—Pues entonces cuando vuesa merced lo tenga a bien.

—Yo bien, ¿y tú?

El muy novato pensaba que coger una bicicleta era como coger un burro del ramal, montarse y ya está.

—Por cierto, ¿llevas agua?

—Ni gota.

—¿Llevas parches?

—Ni idea.

—¿Llevas bomba?

—¿Qué?

—Joder, andas cojo de todo.

—Pero, ¿no íbamos en burro?

—Eso quisieras tú.

—Pues entonces casi que me quedo.

—Ten en cuenta, mi querido amigo, que cuando estés a unos cuantos kilómetros en pleno pinar, puedes tener un pinchazo y quedarte tirado, y entonces vas a tener que cargar tú con la burra a cuestas en vez de ir montado. Que el pinchazo siempre lo sufres tú y no la cabalgadura.

—Habíamos quedado que era burro y no burra, y que yo sepa tiene las herraduras recién puestas.

—Sí, sí, tú sigue con el cachondeo.

—Te lo dice uno que sabe de qué va esto.

—¿Tantas veces has pinchao?

—Por ir cojo, unas cuantas.

—¿Y sin ir cojo?

—Más aún.

—Entonces, ¿qué?

—Pues na, que nos vamos.

Medio cojeando salimos. Tomamos la carretera por el Collao hacia el barrio de la Solana para coger el camino que lleva a la Fuente. Con la polvareda que salía nos saltamos el cruce del prado de los Lienzos y... ¡frenazo!

—¡Alto!

—¿Qué pasa ahora?

—Pa la derecha.

—Vaya, con lo bien que íbamos cuesta abajo.

Nos dimos media vuelta para coger el camino del Armachal y tras pasar el royo de los Quiñones iniciamos el repechón que nos debía de dejar... medio tirados en la cuesta.

—¿Qué pasa ahora?

—Que esto no funciona.

—El que no funcionas eres tú.

Yo sabía de sobras que en cuanto empezara la cuesta se iba a parar, era irremediable. Entre que estas bicicletas llevan más marchas que los coches y que el conductor tenía el carnet de conducir caducao y le faltaba gasolina, tuvimos que hacer media cuesta a patica y con la burra del ramal.

Tras ganar la morra, aprovechamos el ramal del camino de concentración que iba para la Esteva y poder coger toda la recta que nos dejaría en los Poyales. La larga recta era muy recta pero que muy empiná.

Íbamos a la par, disimulando el esfuerzo como podíamos, hablando lo menos posible para mejor disimular. A mitad del recorrido asomó la vista del pueblo por entre los girasoles que ocupaban la loma del Sestero. Era un ánimo para seguir, y más teniendo en cuenta que hasta puede que hubiera algún vecino mirando cómo subíamos.

Ya casi estábamos, nos faltaban unos decímetros. Fue llegar al alto y descabalgar de las borriquillas. Las apartamos del camino y las dejamos descansar. La loma de los Poyales nos ofrecía un inmenso horizonte de contemplación y un respiradero de aire fresco.

Parsimoniosamente recorrimos todo el cordel hasta rozar los pinos de la hoya de **Lácere**, donde se juntan las tierras de labor con el monte. El pueblo ya se nos había ocultado a la vista lo justo como para poder contemplarlo con aquella foto de postal, donde la majestuosidad de la torre de la iglesia se realzaba entre los apelotonados y escalonados tejados rojizos de sus diminutas casas. Apenas dejaba salir en la foto el edificio de la Casa Consistorial y las últimas casas del Castillo.

Todo un espectáculo para la vista.

Tras la vista, dimos la espalda al pueblo y cogimos de nuevo nuestras cabalgaduras. Si la vista no nos engañaba deberíamos seguir todo recto hasta los pinos donde desaparecía el camino. La apariencia era de no más de un kilómetro y todo llano. Estábamos en pleno paraje de la Lagunilla, y al contrario de lo que dice el topónimo no había ni gota de agua.

Las monturas iban más que contentas, apenas había que insistir en el pedaleo. El trayecto en sí se hizo tan corto que no hubo tiempo ni de mediar palabra, ni de reparar en el paisaje que nos observaba desde los peñascos de Valdemartin. Casi sin darnos cuenta estábamos en los majadales de las paideras de Valderaimundo.

Menos mal que nos dio por frenar, de lo contrario vamos a descalabrarnos en el **galacho** del royo que baja de Cañalespino y nos estampamos en medio de las lastras. La pista se cortó de golpe y de repente.

Nos apeamos por obligación, fueron unos instantes junto a los pinos para decidir qué camino tomar. A la derecha, una senda llena de aliagas que nos llevaba a la boca del lobo; a la izquierda, una mediana pista más aceptable y con sombra casi permanente todo el camino.

—Pues por aquí.

Dicho, pensado y hecho. No cabía otra alternativa. Y seguimos...

Un pequeño repecho de no más de unas quince pedaladas y con algunos charcos de agua de lluvia nos obligó a pararnos para no aterrizar en el barro, mejor esquivarlos por si acaso.

—Venga, que enseguida llegamos.

—¿A dónde?

—A la fuente Don Pascual.

—No sabía yo que aquí había una fuente.

—Bueno, no perdamos el tiempo y vayamos a echar un trago.

—Sí, sí, que ya apetece.

El chasco que se va a llevar cuando vea la fuente. Me aparté intencionadamente del camino y nos metimos con las bicicletas por entre los pinochos hasta salir al pastizal que bordea la fuente. El silencio era total a excepción del ruido de los pajarillos que espantamos al llegar.

Abandonamos las bicis sobre unos enebros y sin apenas pausa mi compañero se dirigió a la fuente a beber.

—Oye, ¿aquí dónde se bebe?

—Aquí no se bebe, se mira.

—Pues vaya gracia.

Sabía que se iba a pegar un chasco, y grande.

—Pues no decías que era una fuente.

—Y lo es, pero solo para abrevar los animales de campo. Si quieres puedes meter tú el hocico en las canales.

—Pero qué gracioso.

El hocico no es seguro que lo metiera, pero unos buenos palmotazos de agua sí que se tiró por el cogote.

—¡Ay!, si yo te contara, seguro que te haría más gracia.

—Pues cuenta, que sin dar pedales no se está nada mal.

—¿Has visto cómo está de plumas y de pisadas?

—Sí, hay por todos lados, desde las canales hasta la balsa.

—Aunque aparentemente da la impresión de que no hay ningún pájaro por aquí, a pocos metros nos están observando apostados en las ramas de los pinos, esperando a que levantemos vuelo nosotros y poder tirarse ellos a beber o chapotear en la charca.

Algunos ya se acercaban cada vez más, y los más atrevidos incluso se tiraban aunque fueran décimas de segundo.

—Con el calor que hace no me extraña.

—¿Te has fijado en las pisadas?

—Son todas iguales.

—No te lo creas.

—Pues yo diría que sí, ¿cómo las distingues?

—Si te contara.

—Cuenta, cuenta.

—¿De verdad quieres que te lo cuente?

—Ahora que se está tan ricamente en la sombra, no me importa lo más mínimo aguantar otro rollazo, aunque sea mentira.

—Mejor, sin ofender.

—Es que suena a cuento.

Pues cuento... El pequeño rincón o vallejo donde se halla ubicada la fuente está guarnecido casi por completo por pinos, rebollos, arleras y enebros a excepción de su cara norte que da a las tierras de labor y por donde tienen su entrada natural para abrevar los atajos de ovejas que pastan en las inmediaciones. A no muchos metros tenemos las paideras de Valderaimundo, Valdemartin, la hoya Primera, los Majadales y Peñalazorra.

En realidad, no se trata de una fuente de las que estamos acostumbrados habitualmente con su caño y su pilón, es un pozo de escasa profundidad que recoge todas las aguas del vallejo y cuando su nivel freático llega al canal artificial sale directamente a las canales de maderas que sirven de abrevadero para el ganado, desaguando unos metros más abajo el resto a la balsa artificial hecha para tal efecto.

Mientras yo le comentaba cosas de la fuente, el pozo, las canales y demás historias, él seguía dando vueltas a la charca analizando las pisadas para ver si llegaba a alguna conclusión.

—Oye, ¿ésta de qué es?

—¿Qué te parece a ti?

—De gato.

—De gato imposible, será de tigre.

—¿De tigre?

Él seguía pensando. Yo me había repenchado en un tesón de hierba entre sol y sombra con ganas de abandonarme al recuerdo, y si no llega a ser porque tenía la compañía que tenía, a estas horas estaba durmiendo en el limbo.

En aquello que...

—¡Ya está! De perro.

Lo escuché sin inmutarme lo más mínimo. Mi cuerpo tendido a cuatro patas tenía menos ganas de moverme que las abandonadas bicicletas que permanecían junto a los enebros.

Con lo agustito que estaba, y él que eran de perro.

Y seguía insistiendo. En vista de mi nula contestación optó por acercarse hasta las mismas narices donde yo estaba y ladró en voz alta:

—Que son de perro.

—¿Me escuchas o no?

—Dime.

—Que son de perro.

—Y dale con el perro.

—¿Y de qué van a ser si no?

—Hombre, de perro seguro que hay alguna.

No sé si fue intencionadamente o no, el caso es que en cuanto me espabilé, se puso a hablar de animales y de plumas y despertó en mí la atención, y visto el interés que prestaba me enzarce como un tonto en la enciclopedia que el campo te enseña, dándole explicaciones de forma casi inusual de todo lo que sabía.

—Vamos a ver, ¿y por qué no de zorra?

—Coño, pues es verdad.

—¿Tú quieres que veamos pájaros y animales de todo tipo?

—Ahora mismo.

—Hombre, eso es mucho pedir, ahora mismo imposible, pero con un buen rato de silencio y una buena dosis de paciencia se puede conseguir, y aun así no es seguro.

Él no se había dado cuenta, pero un servidor sí reparó que al acercarnos a la fuente se sintieron unas palomas torcaces a no muchos metros de los pinos y que se movieron cantidad de pájaros que había en las inmediaciones esperando a tirarse al agua. Mientras yo estuve tumbado en la hierba se fueron acercando poco a poco hasta las mismas narices y hasta algunos los sentía encima mismo del cogote, apostados en las ramas de los pinos.

—¡Anda!, vente p'acá.

—¿Qué vas a hacer?

—Tú sígueme.

Había un enebro grande junto a uno de los pinos más cercanos de la balsa, entre el **gallubazo** de la umbría y con una vista privilegiada hacia la fuente y las canales. Llevaba tantos años allí que yo creo que estaba dispensado de cualquier talla que se hacía en la zona. Sin lugar a dudas era el sitio ideal para observar la fauna.

—Haremos un **chozo**.

—¿Un qué...?

Empecé por explicarle lo que es un chozo. En realidad, casi estaba hecho. Lo primero que hice fue hacerme con unas ramas de pino y unos cándalos para mejor imitar la naturaleza, y me puse a hacer el indio en forma de cabaña, aprovechando el tronco del pino y el susodicho enebro mencionado anteriormente.

La teórica explicación se convirtió en práctica en apenas unos minutos de pinchazos al recoger las cuatro ramas que había alrededor, y todo con resultados más que satisfactorios. El chozo en cuestión era una realidad, e incluso aprovechamos un par de molondros de piedra que llevaban allí desde años inmemoriales y que se usaban como asiento de observación.

Que yo recuerde, desde siempre en aquel pino y enebro se hacían los chozos, era el sitio ideal para que los cazadores pudieran disparar a las piezas cuando se acercaban a beber agua o se paraban en los pinos cercanos. Su visibilidad era perfecta tanto hacia las canales como al resto de la balsa.

Yo conocía de memoria aquel lugar como el resto de cazadores del pueblo, y hasta en más de una ocasión se disputaba el puesto en pos de una paloma torcaz o a la sazón algún arrendajo que llevar al puchero. Eran tiempos en que la caza estaba desvedada por consenso popular durante todo el año, y la única penalización que existía para el cazador era la del agravante de tener que salir volando cuando se acercaba la guardia civil.

Ahora, en los tiempos modernos se caza por afición; entonces se hacía por necesidad imperiosa para subsistir.

—Eh, que se acercan.

—¿Quién, los guardias?

—Ya vienen.

—No jodas.

—Digo, los **rendajos**.

—Ah, pensaba que...

A todo esto, el chozo quedó de tal manera que aquello no parecía ni cabaña, ni choza, ni chozo, ni ná. Si lo llego a saber me quedo en la teoría.

Un pequeño orificio de entrada nos permitía acomodarnos de la mejor manera posible. Medio agazapados en no más de dos metros redondos, en cuadrados uno y medio, y con los pinchos de los enebros haciéndonos la puñeta en el cogote y el trasero. Una diminuta mirilla entre el ramaje nos garantizaba el poder observar los bichos, si es que les daba por tirarse a chapotear al agua.

Por ver, casi nada. En una media hora que estuvimos, aguantamos las impertinencias de las moscas, mosquitos, orugas, escarabajos, abejas, avispas y hasta algún ratón. Eso es ver y sufrir.

De los de ver de verdad, unos cuantos colorines y zarzales de no sé cuántas clases, tordos, chorlas, picarros, un par de urracas, media docena de palomas del pueblo y como siempre los **tontilanes** de rendajos que no paraban de molestar al resto de animales. Las torcaces seguían dando vueltas en el cielo sin prisas de acercarse.

Y de los que debíamos ver, pues infinidad de especies. Ni se sabe ni se puede cuantificar la variedad de animales que merodean por el lugar. Por lo menos lo hacían en otros tiempos no muy lejanos, y eso que todos eran candidatos a la cazuela.

Hoy el campo, y en especial el pinar y en general el bosque, no canturrea con la variedad de antaño y ha perdido la alegría que tanto animaba a pastores y agricultores en sus jornadas diarias. Las nuevas técnicas de agricultura, los pesticidas y herbicidas, la desaparición casi por completo de la ganadería de todo tipo, la sequía, la tala del bosque y sobre todo la presión humana son posiblemente los causantes de tal desaparición o por lo menos de la merma en su población.

Quizá si el campo se recupera de forma natural vuelvan a repoblarse de nuevas especies.

Y puestos a ser algo optimistas, vale la pena decir que hoy en día se están recuperando algunas especies ya existentes y se han incorporado otras nuevas venidas de las zonas adyacentes de la comarca o importadas de otros lugares, y que a pesar de los pesares, sigue siendo una de las más variadas en fauna mediterránea.

Podría hacer una enumeración de bichos de todo tipo, tanto alados como terrestres que rondan por estos parajes. Los errores y meteduras de pata en sus definiciones me dejarían en evidencia del poco saber en la materia, y más en cuestiones de ornitología. Así que prefiero meterme en el chozo y observar lo que pasa.

Tampoco es que me haya ayudado mucho el haber sido cazador, incluido de chozo, a salvo de aquellos años de cazador novato en que uno tenía que justificar la munición fuera como fuera. Que los cartuchos eran contados y a pesar de la prohibición y la permisibilidad de hacerlo, las piezas debían estar en consonancia con la cartuchería.

Que puesto en el sitio y mirando por el rabillo del ojo de camaleón, uno en el silencio del chozo podía sentir la cercanía de un mustélido como la comadreja o de un roedor como la ardilla, adivinar en la sombra del cielo el volar de una rapaz como el águila o el buitre, o sorprenderse por el sobresalto de una rana perseguida por un ofidio como la culebra.

Y puesto una vez estaba, y seguimos en el año la pera, aguantando largo rato para no gastar la munición en los dichosos rendajos, cuando me asomó una pollada entera de perdices andando tranquilamente a beber agua a la balsa. La sorpresa fue tan grande que cuando quise hacerme con la clueca para tomar mejor pieza, se me esfumó entre las zarzas y me quedé con un palmo de narices. La naturaleza es tan sabia que con un gesto tan sencillo de suerte, salvó toda la prole de perdices.

Descompuesto quedaba cada día más cuando tras aguantar horas y horas en busca de que entrara alguna paloma torcaz, acudían todo tipo de aves, desde grajas, cuervos, gorriones, moñudas, cardelinas, abubillas, estorninos, petirrojos y toda clase de colorines. De todo menos palomas.

Y encima sin parar de oírlas ronronear en los pinos de al lado.

Y más harto quedaba cuando a punto de que te llegara la suerte, te asomara un perro de algún pastor o labrador que sin otra intención que beber un poco de agua y te echaba a perder la cacería.

Mientras yo te contaba esto, permanecíamos dentro del chozo con el oído y la vista en cuarentena. El espacio, el calor y la impaciencia hizo que no aguantáramos más y mandáramos el chozo a tomar viento.

—No aguanto más.

—¿Qué te pasa?

—Vaya picazo.

—No será para tanto.

—¿Qué no?

—Eres muy impaciente, así no vas a ver nada.

—Me importa cuatro pitos.

Yo andaba callado, pero puedo asegurar que más de una hormiga corría nalga arriba, sería por explorar nuevos caminos. Él no paraba de pegarse tortazos por todos lados.

—Putas hormigas.

—Esto es el campo.

—Putos mosquitos.

En vista del fracaso, decidimos marcharnos.

—Con que íbamos a ver.

—Íbamos.

—Pues vámonos.

—¿Por dónde seguimos?

—Por allá.

Justo cuando íbamos a por las bicicletas, volaron de entre las ramas de los pinos unas palomas y un montón de pajarrachos. Que listos, como supieron esperar.

—¿Has visto?

—Visto, pero oír sí que he oído.

—Si hubiéramos aguantado un poco más, seguro que se habrían tirado a la charca.

—Es igual, vámonos.

Nos hicimos de nuevo con las bicicletas y salimos al camino bordeando las fincas de labor hasta llegar a un pequeño pero descarnado repecho, que nos obligó a echar pie a tierra.

Apenas en unos metros entre los rebollos nos presentamos en la pista principal.

Ya estamos.

Puestos en llano, y con una pista como una autopista, decidimos tomar la izquierda por aquello de abreviar en el recorrido de regreso al pueblo y para aliviar un poco del desgaste a los neumáticos.

Mi compañero lo agradeció y mucho, y más cuando en unas docenas de pedaladas nos presentamos en el puntal de la Hoya Primera y con vistas a las casas del pueblo. Aquí la loma invitaba a corretear por entre los tomillos y jedreas sin otro peligro que pinchar las ruedas.

Aquí sí que había una foto de postal del pueblo. Además de la cara más fotogénica.

Tuvimos tiempo de alargar la vista por todo el contorno. Por el este, el Villarejo, la Pedriza, Majalalto y los confines de las Minas de Setiles, Ojos Negros y Tordesilos. Por el norte, el Monte Llano, el Tallar, la Torrecilla y los límites de Tordellego, Anquela del Pedregal, el Pobo, Hombrados, el Pedregal, toda la sierra de Caldereros con su castillo de Zafra y la ermita de San Segundo y por suerte, con un día limpio, hasta divisamos las estribaciones del Moncayo. Por el oeste o poniente, el Cerrillo Piqueruelas, las Rebollás, la dehesa Boyal, la pinocha Cerroscaballos, la Rinconada, los Cotos, el Pinillo y todo el perfil de la pista forestal que sirve de límite fronterizo con el término de Piqueras. Por el sur, el puntal de la Calva, la Hoya las Colmenas, la Hoya Grande, y los costerones de la Cruz del Recibo por donde apenas se adivina el antiguo camino de Alustante.

—¿Has visto hasta dónde se puede abarcar?

—Y porque la vista no da pa más.

—Visto así, como se ve el pueblo, llegamos en un periquete.

—¿A ver quién llega más con la piedra?

Yo le hice un poco de trampa, porque cogí una teja que planea y vuela más, y tirada de sobaquillo llega más lejos.

—Ahora verás.

—¡Venga!

Mala pata la mía, la teja salió muy alta y con la fuerza del viento hizo de boomerang y se volvió hacia un servidor.

—Ni quince metros.

—Eso ha sido porque el aire la ha vuelto.

—¡Anda déjalo!, mejor sigamos.

—Ya te cogeré otro día.

Cogimos la cuesta abajo...

—Ahora no te quejarás.

—¡Cojonudo!

—Así da gusto.

Le hubiera contado que en la Hoya Primera en otros tiempos se sembraban patatas de tardío, que había una paidera espectacular y grande en vez de la nave actual, que se crían setas de cardo por la loma e incluso salen hongos aceiteros a temporadas, que...

Estaba cogiendo una **ciberina**.

—¿Insinuabas algo?

—No, estaba rezando.

Él se quedó pensativo.

—¿Por qué rezas?

—Porque te vas a dar una hostia de aquí te espera como sigas así.

Se dio cuenta, frenó y preguntó.

—¿Y por qué se llama la Hoya Primera?

—Porque después viene la Hoya Segunda.

—Eso no tiene gracia.

—Si digo la verdad, luego viene la Hoya el Medio, la Hoya Grande, Bajo las Hoyas, la Hoya **Nosequé**, la Hoya las Mentiras, etc, etc. Perdón, esta última no está por aquí, pero existe de verdad.

En realidad no hay nada más que mirar la morfología del lugar, y tienes la explicación bien clara. Si los del pueblo dicen que son Hoyas, no hay más que hablar.

—¿Y esta pista cómo se llama?

—Camino de Alustante.

—¿Entonces por aquí se va al ojillo?

Equilicuá.

—¿Y cómo cuánto hay?

—Para ti una eternidad, y más si vas en bicicleta.

—Es por si...

—Eso otro día. Ahora vamos a lo que vamos.

—Pues vamos.

Ya verás cuando se le desboque la caballería a toda **ciberina**, cómo aguanta el equilibrio en la montura.

—¡Ojo al freno!

—Ya vigilo.

—Mejor frena, y poco a poco.

La pendiente del camino, liso y de buen pavimento, era propicio a desbocarse. Fue un minuto, casi segundos, en que uno puede sentir la sensación de dominar la velocidad al borde del riesgo. Una curva en su máxima pendiente por la Royaliza nos puso a prueba, haciéndonos lamer los márgenes del terraplén e invitarnos a moderar la **cellesquina** de nuestras molduras.

Con los pelos de punta pasamos el cruce del camino del Ojo y con la misma velocidad cruzamos por encima de la Chorrera empujados por la propia inercia. Con el susto ya controlado llaneamos la Bartezuela hasta llegar a lo alto de la Fuente, donde hicimos un nuevo parón.

—Vaya de la que nos hemos salvao.

—Pensaba que iba a mitad de los piazos.

—Ya te decía yo, cuidadito con el freno.

—¡Ufff!, qué alivio.

Mientras respirábamos del susto, observábamos la retahíla de huertos a ambos lados del royo. Algunos se veían repletos de hortalizas y de legumbres con sus surcos hechos con tiralíneas, otros muchos abandonados al pasto y a la cría de cardos, ortigas y **ababoles**. Unas pocas personas equipadas de viseras y sombreros se afanaban en regar surco a surco, sacando agua con sus **pozales** de los semidesiertos pozos.

Apostamos las bicicletas en el ortigal que guarda los chopos, junto al arroyo que baja de los Quiñones. Aquí un viejo puente de piedra aguanta el paso del tiempo medio destartalado. En el rincón, a la sombra de los árboles pervive la Fuente Vieja y su inseparable lavadero.

Uno, casi sin pensarlo y dada la temporada en la que nos encontramos, se decide por acercarse a las calzadas de los huertos en pos de unas ciruelas o perillas entre los frutales, si es que los hielos y escarchas de primavera los han respetado. *(Lo de las peras, ya te contaré en otra ocasión lo que me pasó cuando fui a acarrear a las Decarás).*

—¿Dónde vas ahora?

—Ahí al huerto, a ver si hay menta. Era mentira, me estaba subiendo a un ciruelo.

Volvimos hacia la fuente con los bolsillos atacaos hasta las cachas. Nos metimos un par de jetazos de agua a morro entre el pilón y el caño y nos recostamos a la sombra de la pared del lavadero a dar buena cuenta de las ciruelas que nos habíamos agenciado.

Estábamos bien.

Pero que muy bien.

No es que el lugar de la Fuente sea la huerta valenciana o la ribera del Jiloca en cuestión de frutales, pero en años favorables dan lo suficiente para que la gente se pierda, aunque sea a **escondicucas** para apropiarse de alguna pieza inmadura.

Que por haber hay, que yo sepa, en sus inmediaciones, dos clases de peras, dos o tres de ciruelas, algún almendro, un par de membrilleros, patacas, macucas, saucos, nabos, remolacha, etc, eso siempre y cuando que el tiempo acompañe y lleguen a madurar a su debido tiempo.

Claro está, que en una distancia de poco más o menos de doscientos metros en el curso del royo donde se apostan los huertos hay alrededor de una docena de pozos. Todos reciben el agua sobrante de la fuente y su nivel freático suele aguantar la época de verano.

No es que los huertos sean excesivamente generosos en cuanto a productividad, dada la altitud de la comarca en que estamos y la climatología que nos acompaña, pero son suficientes para satisfacer a una familia de sus correspondientes lechugas, tomates, judías, acelgas, pepinos, calabacines, berenjenas y hasta de unos sacos de patatas ya avanzado el verano o rozando el otoño.

Podríamos imaginarnos una gran chopera o arboleda guardando los márgenes del cauce del arroyo. La realidad es muy distinta: casi no hay arbolado, pero aun así podemos encontrar diversidad de árboles como sauces, sargas, algueras, mimbreros, chopos, olmos, alces, por no contar el matorral o las hierbas que rodean el entorno como los **venenuchos**, las zarzas, los cardos y toda colección de gramíneas silvestres.

Si la nota de color la ponen algunos rosales silvestres, los ababoles, los cardos y los lirios ponen el color a los huertos y a los brocales de los pozos. El olor se puede destilar entre las hojas de menta, del sándalo, la hierbabuena o la misma flor del saúco. Que si hay alguna fecha en la que se puede disfrutar de la Fuente, esta es en primavera y verano.

De la Fuente Vieja o de Abajo, yo sé cómo tú, y según quién tú, infinitamente menos. Yo, por razones de ubicación en el pueblo, me correspondía ir al Cañuelo a por agua para beber, por lo que raramente me acercaba a la Fuente, a no ser de paso para cumplir con otros deberes propias del campo.

Sí que recuerdo la Fuente como era en otros tiempos, aunque apenas se ha modificado a no ser por las pilas individuales que había en el lavadero para enjabonar las prendas de ropa y lo que es el aljibe que se usaba para enjuagar la ropa ya lavada.

Aquí bajaban las mujeres con las **gamellas** de madera y las calderetas de zinc hasta las cachas a lavar, y aquí formaban las colas los mulos para acercarse al jaraíz a abrevar. Y por aquí recuerdo de ver trajinar a las gentes con las legonas al hombro en idas o venidas de los huertos. Nosotros los chavales dábamos alguna vuelta con el **tiragomas** en busca de algún pájaro despistado.

Y hasta recuerdo que por allí se discutía de física, y eso que en la escuela solo se hablaba de catetos, analfabetos y de composición del agua, fácil H2O. La ley de los vasos comunicantes se la sabían todos los que tenían pozos, sobre todo los que estaban cerca. Que si tú sacas hoy, mañana yo. Que cuando tú sacas el agua, me quedo yo sin nada. Pura y básica física.

De química menos, porque a la hora de la verdad todos los herbicidas y plaguicidas quedaban resumidos a uno: el **arseniato**.

Puede que en su apogeo llegara a haber unos veinticinco o treinta huertos a pleno rendimiento. En la actualidad nada de nada: la mayoría han quedado divididos por repartos de herencias familiares y muchos de ellos con cuatro ridículos surcos. Ya no han quedado ni las paredes que llevaban a tantas discusiones de propiedad y conflictos entre vecinos. Que meterse un surco sin mala intención en el del vecino podía suponer, en el mejor de los casos, hasta un saco de patatas.

—Ya están discutiendo.

—¿De qué?

Uno que se come un surco
El otro que cava al **travies**.
Uno dice que más de un marcen
Y el otro que más de tres pies.

Aparte de discusiones sobre cuál de los dos manantiales del pueblo, la Fuente o el Cañuelo, se llevan la palma en aquello de la importancia y supremacía a la hora de dar agua y vida al pueblo, vale decir aquello de *"monta tanto, tanto monta"*, según para quién y en el barrio que le ha tocado vivir. Allá cada uno con su historia.

Si hablamos de la Fuente, diríamos que su ubicación la encontramos justo al final de los piazos de los Quiñones y al borde del arroyo del mismo nombre, en el cruce del camino de Alustante y agazapada en un pequeño ribazón donde se alimenta del agua de la acequia.

Está alejada del pueblo lo justo, no más de cinco minutos a paso normal, en la desviación de caminos con ramificaciones para varios lados. Distancia ideal para que se pudieran acercar los ganados tanto a la salida como al regreso del pastoreo hacia las casillas y cuadras de las casas, así como a las caballerías en el transitar en las tareas del campo.

El conjunto de la obra de la Fuente está formado por un pozo cuadrado de un metro de lado, todo él, hecho de piedra de mampostería, con una profundidad de unos cuatro metros con sus correspondientes orificios de entrada de agua. Su pila, con apenas unos veinte centímetros de hondura, recibe el agua de dos caños casi a ras de suelo, y refugiada en una hornacina de arco de medio punto. Su jaraíz, anexo a la pila de servicio, tiene unos seis metros de largo y guardando todo el conjunto una pared de protección.

Al costado de la fuente, y dejando un espacio suficiente para que se puedan mover las caballerías al abrevar, se encuentra el lavadero. Su forma es cuadrada, poco profundo y todo él protegido por paredes a excepción de la cara sur, con un tejado apoyado en el centro por un pilar.

En un principio se aprovechaban los cuatro costados para restregar la colada, pero ante la incomodidad que suponía el estar agachado tanto rato, se añadió una fila de pilas prefabricadas en el lado sur junto al jaraíz.

El caudal de agua tanto del lavadero como de la fuente viene abastecido por los barrancos de la dehesa y por los **encaños** que configuraban todos los canalones adyacentes al Quiñón. Todo parece funcionar mediante sifones naturales.

Está claro que en sus tiempos antiguos era una surgencia natural y que posteriormente se acondicionó a las necesidades de la población. De siempre los pueblos se han fundado cerca de los manantiales. Son la vida.

Vista la obra en sí, resulta curioso cómo tuvieron que ganar terreno al lugar para poder dar salida natural al agua. Tanto los caños de la fuente como las salidas del lavadero con sifones del nivel freático están a escasos centímetros del suelo. Conforme va bajando el nivel del pozo se va vaciando el lavadero y los pilones.

El agua del lavadero se saca directamente del pozo por unos encaños que derivan de unas ventanillas que hay hechas a nivel de los caños. Hoy en día se encuentran medio anegados debido a la suciedad, al poco uso y al abandono en el olvido.

La Fuente, como el resto del conjunto del pueblo, tuvo sus muchos siglos de gloria y algunos de desdicha. El final del siglo XX fue radicalmente nefasto por el abandono que llevó al pueblo al borde de la desaparición. Hoy en día tanto la Fuente como el lavadero sobreviven a duras penas con limpiezas programadas en época de veraneo.

En sus aledaños se han plantado una docena de árboles de distintas clases que acompañan a los viejos y tambaleantes olmos centenarios. A la vez se ha incorporado una zona de recreo con bancos para estimular las visitas al lugar e intentar que la gente se conciencie de la importancia que supuso para este pueblo la existencia de dicho lugar.

Cabe decir que de un tiempo a esta parte, se ha notado una cierta afluencia de gente con unos pocos hortelanos que han vuelto a sembrar los huertos de hortalizas, volviendo a dar vida a la zona y contribuyendo a que tanto jubilados como veraneantes se paseen por sus alrededores.

—Que así sea, y por muchos años.

Datar la Fuente históricamente me sería imposible, a no ser que me remita a la misma cantinela de siempre: —Que por allá por el siglo... mandaron repoblar y colonizar la zona, y que mucho antes ya moraban por la comarca los... y que en la prehistoria se asentaron... y que después... Que la Fuente fue manantial desde que el agua manó de forma natural es evidente y que la podemos ver hoy en día es consecuencia de las diversas intervenciones del hombre en función de sus necesidades.

No obstante, y como se suele decir con cierta frecuencia, las piedras hablan y muchas veces a gritos y hasta por escrito. El modelo arquitectónico de la última remodelación no engaña y en sus piedras está grabada la siguiente leyenda:

Y como costumbre era en su tiempo

Y por aquello de la posteridad

En la piedra quedó grabado

Una leyenda a descifrar.

Llevaba yo rumiando desde hace rato una pepita de ciruela entre los dientes, y rumiaba y rumiaba de que todo aquello que estaba diciendo sobre la Fuente se llegara a entender bien, o fuera que estuviera metiendo la pata y me tuvieran que contradecir. Que viejos hay que rondan con las orejas bien abiertas y con los ojos a medio ver, y al mínimo tropiezo, error o mentira, te dejan en ridículo público.

Con algunos gestos en mis brazos, gesticulé unas palabras en forma de prosa, y unos pajarillos volaron a las zarzas para no escuchar lo que parecían versos.

Si fuera una gota y de alegría lo fuera
Bendita lágrima que del sollozo naciera.
Si fuera un suspiro el que del pozo brotara
Que colme el jaraíz y hasta la tierra anegara.
Y si fuera agua que de las entrañas manara
Que de sus ubres brote a borbotones hasta emborracharla.

Y si la Fuente fuera
Una muchacha olvidada
¡Búsquenle un buen galán!
Para bien emparentarla.

Que yo sé de un solterón
Que ronda por el Pairón
Sollozando pretendientas
Y con deseos de amor.

—¡Válgame, Dios, decir quién es!

El Cañuelo. Ya lo sabías.

Si digo verdad, ya no sé ni por dónde iba, ni por dónde estoy. Es igual, yo sigo, tú haz lo que te dé la gana.

Ah sí, estaba contando lo de la recuperación del antiguo manantial de la Fuente, que más parecía un alegato al afán de supervivencia, sobre todo emprendido por una joven generación de gentes del pueblo, que a la propia realidad existente del día a día.

Cuando uno ve la Fuente tal como está ahora, no puede dejar de pensar que toda la culpa de la escasez de agua se la tengamos que echar a la climatología. Eso es tan falso como mentira. Bien saben los manantiales de la convivencia con las necesidades de las personas, de sus abandonos y de sus abusos, y más que bien lo saben todos aquellos encaños, canalones y acequias que han desaparecido por acción del hombre o sus maquinarias y que han dejado a la tierra sin las arterias que le daban vida a la Fuente.

Un par de saludos, una mirada o una visita a la vieja fuente es la diferencia entre ser o no ser. Qué añoranza de aquel ajetreo en el que te cansabas de tener que saludar a todo el que tropezabas por sus inmediaciones. Y si de aquellas polvaredas que levantaban los mulos al revolcarse, o de aquellos cuchicheos con los cántaros y botijos al ancón.

Que si por muchos adobanos fuera, manantial seguirá siendo. Y si ha de ser fuente, que sea la Fuente de Abajo.

—Aquí ya hay poco que hacer.

Con las bicicletas como compañeras de paseo recorrimos el trozo de camino que bordea el Quiñón, sin poder evitar volver la vista atrás hacia la fuente. Hasta llegué a imaginarme aquellos trozos de quiñones con sus surcos de patatas inundados de agua y aquellos viejos encaños atragantando a borbotones la acequia.

Uno puede llegar a imaginar cualquier realidad pasada, desde las mozas fregando las perolas de hojalata llenas de **estañazos** a la altura de la noguera, hasta media docena de mujeres aclarando la ropa en el royo y tendiendo las sábanas por el Prado de los Lienzos.

En silencio y murmurando por dentro, la mirada se desliza acequia abajo, por si el movimiento de los pajarillos deja algún indicio de vida. Hasta el agua, la más apreciada en el oasis terrenal, ha tenido que emigrar de estas tierras ante el abandono de sus gentes.

—¿Y qué? Que ya no nieva como antes.

Habíamos acabado la ruta de bicicleta andando, como el que vuelve de la fuente con un mulo del ramal. Era la hora de la comida, o por lo menos eso nos parecía a nosotros, tal vez habíamos hecho hambre. El corto recorrido no justificaba tal apreciación, teniendo en cuenta que la distancia no pasaba de los cuatro kilómetros y todos ellos a la vista del pueblo.

Al entrar al pueblo enseguida nos dimos cuenta que no olía a puchero por ninguna ventana, por lo que dimos por hecho que la comida iba para largo.

Vista la situación, y tras dejar las bicis aparcadas nos dirigimos hacia el trinquete con intención de acercarnos al bar a dar una vuelta y echar un vermut o unas cervezas. El compañero, más que de penas, ahora estaba eufórico y hasta pensé que se había divertido.

—¿Vendrás **rendío**? —le pregunté con picardía.

—¡Bua!, ni me he enterado.

—Pues no lo aparentabas hace un rato.

—A veces las apariencias engañan.

—¿Qué te ha parecido la aventura?

—Casi que bien.

—El "casi" te lo convierto yo en muy bien a poco que aguantes en el pueblo unos días.

—Siendo así, a tu disposición.

A fin de cuentas, y en vistas del itinerario escogido, no debería haber hablado de ruta, sino de paseo. Y de paseos de este tipo podemos elegir a montones y por cualquier paraje del pueblo, tanto sea por el **pago** de arriba como por el de abajo. Que hacer el tonto, tanto se puede hacer entre rebollos que, entre carrascas, en lomas o entre sembrados, por sendas, caminos, pistas, veredas o campo a través.

Cuando pasen unos días -en este caso que nos ocupa cuando pasen unas páginas más y no tengas la tentación de saltártelas por reincidentes y aburridas- te iré contando algunas otras que no tienen por qué ser los cuatro puntos cardinales, sino ordinales u ordinarias, como mejor te guste llamarlas.

—¿Bebemos o qué?

—Sigue contando.

—Bueno, podemos beber y hablar a la vez.

—Y tanto que sí.

—Pues a beber.

Tras el breve intervalo de tiempo... Es un decir, porque cuando uno va al bar sabe cuándo entra pero no cuándo sale. Hablando pasa el rato y si es a gusto y en buena compañía, mejor que mejor.

El caso es que me había reencontrado de nuevo con mi pasado y con los años de jovenzano en el pueblo. Me parecía acordarme que el paseo anterior lo había hecho para rehabilitarme de la resaca de la fiesta y a ser posible debería incorporarme de nuevo al cachondeo si quiero que la historia siga al menos un poco el argumento.

A mi regreso del campo el panorama en el pueblo era como si hubiera estado de fiesta. Las gentes un tanto diezmadas pero no lo suficiente como para que se pudiera hacer alguna que otra licencia tanto en el pueblo como en las fiestas vecinas.

Era la tarde, ya comidos y servidos. Por el Portalillo se veía un ambientillo en la gente joven con ganas de ir de juerga. Algunos lo delataban a gritos con solo ver la vestimenta que llevaban, otros no lo disimulaban mucho porque se habían pasado con la brillantina.

Por la calle de la Procesión, un par de mozos de los más veteranos no paraban de acercarse al furgonete que estaba aparcado a escasos metros y medio escondido a la vista de la gente. Seguro que estaba fletado y con la hora de salida anunciada.

A **escondicucas** entre calleja y callejón, un par de mozas se mordían las uñas razonando cómo justificar la huida del pueblo sin sufrir agravio alguno o tal vez cómo ingeniárselas para que el regreso de madrugada no se saldara con una buena reprimenda y castigo.

Los había que les daba igual. Se iban a ir de fiesta de la manera que fuera y ya andaban movilizando al ganado.

—Bueno qué, ¿vamos a Checa o no?

—Espera un poco a ver qué pasa.

—Pero si no hay casi nadie.

—Bueno, las mozas salen todas a la vez.

—La furgoneta ya está.

—Y el conductor también.

—Pues venga, vámonos.

—Todos dentro.

—Vámonos.

Lo de ir a hacer el tonto es una frase más que repetida, y que se suele decir o apropiar a aquella persona que no hace lo que debe o lo que quisieran que hiciese, y como casi siempre coincide con lo que realmente quiere hacer esa persona, pues está mejor que bien. —O no.

Yo si te digo la verdad, me dedico en infinidad de ocasiones a hacer el **tontifacio**, que es derivación de lo anterior pero todavía con menor justificación. Si estuvieran apuntadas todas las veces que me han dicho que he hecho el tonto, seguro que tenía el título de "tonto de remate".

A todo esto...

—¡Para!

—¿Qué pasa?

—Espera a ver un poco.

Por allá arriba se veían unos jovenzanos que querían venir y que dicen que ya lo han negociado con el dueño de la furgoneta. Según ellos le daban diez duros por ir, pero el conductor les pidió quince. A todo esto, aparecen unas mozas que también quieren venir y además de gratis.

En eso que aparece el jefecillo para poner las cosas en su sitio. Era un decir, porque la furgoneta ya estaba llena hasta las cachas y casi todos de pie.

Como la cosa no se arreglaba, el dueño que no era otro que J----e, echó un vistazo al aforo y viendo que aún podía ganar unos duros más, —¡venga!, que entren como puedan y nos vamos.

J----as, bien entendido como J----e, era un solterón sin compromiso y un tío más listo que el hambre, sabía sacar tajada aunque la merienda no tuviera carne. Lo de la seguridad y comodidad en el viaje no era incumbencia de él.

El cabreo entre mozos y mozas dentro del furgón era cada vez mayor. Los empujones y achuchones cada vez más grandes. Algunos ya daban la fiesta por empezada.

Y a todo esto, algunas mozas se sentían discriminadas porque tres de ellas las había metido en la cabina separadas del resto de gente. No quiero decir nombres, pero siempre eran las mismas y hasta bailaban alguna pieza con el citado conductor. En agradecimiento, claro. Entre ellas estaban la A….a, la E….a, y la U….a. ¿Está claro?

Como era normal, fue arrancar y encender un puro faria. La tarde estaba echada y bien echada.

A fin de cuentas, siempre terminábamos yendo a todos sitios, aunque fuera tarde y como borregos. De todas formas, como la hora de vuelta era cuando se reunía el ganado de nuevo, pues vete a saber a qué hora será. A veces ni eso.

Este viaje resultó bien, bueno relativamente bien. Por allí se quedaron unos cuantos mozos, bien porque les parecía demasiado pronto volver o porque llevaban algún ligue entre medias.

Lo malo fue al otro día, según como se mire, porque eran los toros y eso no se lo quería perder nadie.

Todo empezó sobre las cinco de la tarde. Hora torera según el poema de García Lorca. Todos se lo conocían de memoria, hasta los más analfabetos. Era la hora convenida.

—¡Venga!, ¿tenéis el dinero listo?

Habiendo dinero por medio el tío J----as, era más puntual que un reloj. La furgoneta estaba preparada y con el motor en marcha. Nos recordaba aquellos años en que el Burgoa daba servicio discrecional por los pueblos de la comarca con su vieja tartana.

Don J----é se frotaba las manos ante tanta dispendia de billetes que salían de los bolsillos con más rapidez que si fueran robados. Él seguía con su faria en la boca **acucando** el ojo, tal vez por el humo, tal vez por si alguna moza se equivocaba de opinión.

Hecho el recuento correspondiente, abre las puertas y todos como borregos a buscar el único asiento del copiloto que llevaba libre.

—O os vais todos **patrás**, o no arranco.

Malo, ya empiezan los problemas.

Y las mozas como siempre que querían ir todas adelante.

—Adelante me pongo yo. *(uno de los mozos).*

—Pues no vamos. *(una de las mozas)*.

—Pues no vengáis. *(unos cuantos mozos)*.

—Vosotras os lo perdéis.

Los empujones y los achuchones no cesaban. El que más y que menos ya tenía experiencia de otros viajes, y sabía que coger un buen sitio con agarradero era primordial para poder llegar con vida al destino.

El tío Josetas siempre se las ingeniaba para que un par de mozas se montaran junto al asiento del conductor. *(Perdón, no era mi intención descubrir al conductor)*.

—Lo ves, ya se han montado otra vez adelante las mozas. —Qué jeta tienen.

Lo de montar las mozas adelante tiene su explicación. A saber... El tío José tenía una furgoneta, más bien una tartana de la segunda guerra mundial. Su marca Auto Unión, luego se convertiría en Mercedes Benz, con más años que la tana, que la había adquirido por Valencia para dedicarse al transporte de mercancías y todo lo que surgiera.

El caso es que el cambio de marchas no le funcionaba nada bien, y visto que estas carreteras son propicias a usarlo con frecuencia, pues... mejor llevar una ayudanta por si acaso. Y puestos al caso, el tío Josetas no paraba de echar mano al cambio, y de paso una palmadita a la nalga.

—Ehhh José, estate quieto.

Como el precio del billete de las mozas era nulo o sin valor, el Josetas se lo cobraba en pasodobles, rancheras o demás milongas, y no había motivo de recurso a no ser que las propinas en cubatas y gin-tonics compensaran de largo a lo anterior.

El caso es que el puñetero no se lo montaba mal del todo y más con lo que le gustaban los pasodobles. Que si dos con una, que si tres con la otra, el caso es que llenaba de sobras la noche de bailes. A fin de cuentas, salía ganando por todas partes.

Y puestos en ruta, mejor no cuento...

—Que me mareo.

—Y yo.

Entre las distracciones del conductor con el cambio de marchas y las incesantes curvas y baches de la pista, los que íbamos dentro como corderos enjaulados al matadero, no parábamos de llevarnos sobresaltos y golpes, bien por situaciones naturales o hechos con toda putería para que el viaje resultase más ameno. Que hasta podía aparecer una avería imprevista, con tal de hacer bajar a toda la gente y tener que empujar a la furgoneta en algún que otro repecho.

Y puestos en destino, mejor ver que contar.

Si a la llegada unos necesitábamos media hora para recuperar el aliento y la verticalidad debido a los mareos, en el caso de las señoritas ese tiempo se multiplicaba para poder deslavazarse del polvo del camino que se les quedaba pegado en el rímel y los coloretes que llevaban puestos en la cara.

Unos cuantos mozos se reían.

—Parecéis payasas.

—Y vosotros payasos.

Todos de acuerdo en la opinión. Pues pal circo.

Y puestos en órbita, podía pasar cualquier cosa.

Cada cual se perdía por donde podía y le apetecía y cada cual se abandonaba a la aventura más fortuita que hubiera. La mayoría ya llevaban en mente el objetivo a conseguir o a perseguir de otras fiestas de los pueblos de alrededor, luego faltaría que se vieran cumplidos los objetivos.

Que de Checa en concreto, era casi pecado no asistir a la corrida de toros. De siempre habían presumido de llevar novilleros noveles de cartel o con visos de futuras figuras de la tauromaquia, y de lejos les venía la tradición a las reses bravas, pues de siempre en las extensas y verdes dehesas que rodean su término, se realizaba parte de la trashumancia del ganado a la lejana Andalucía.

La ubicación de la plaza de toros por sí sola ya merecía la visita. Su situación en el centro de la villa, se veía rodeada por los soportales de la Casa Consistorial y por todas las casas adyacentes con balconadas dispuestas para darle a la corrida un ambiente de fiesta taurina, pintoresco y serrano.

Este mismo coso, una vez acabado el festejo taurino y respetando el horario establecido se convertía en platea para seguir dando pases a las parejas de baile. Sus tendidos de la presidencia y toda su comitiva, una vez liberados, se acondicionaban como escenario para la orquesta de turno.

No es que fuera exclusivo de Checa, era una forma usual en muchos pueblos de la sierra, que contribuía a que la fiesta tuviera una continuidad en el tiempo y en el espacio. No quisiera olvidarme de pueblos limítrofes como el vecino Orea o Chequilla, donde se aprovechaba la plaza pública o incluso accidentes naturales como los monolitos areniscos que lo rodean.

Y aún no se habían quitado las mozas el polvo del viaje, cuando ya estaban envueltas con la **polvarina** de la plaza de baile. Casi con los últimos aplausos y salidas a hombros de los novilleros y sus cuadrillas, ya estaban los mozos del pueblo solicitando que empezara la banda de música.

Y puestos a aguantar, lo que hiciera falta.

De momento, mientras los músicos afinan los instrumentos, lo mejor será hacer un refrigerio en forma de bebida refrescante.

Hasta las doce de la noche todo era bailar y saltar. Los menos ligar y los más buscar donde cenar.

Desde las dos de la madrugada en adelante era sagrado estar y además bien colocado. Era la hora de la suelta del toro embolao y no se podía dejar de verlo. Luego cada cual se hacía lo valiente que podía y se llevaba los sustos que quería. Que a ciertas horas de la noche, y con el exceso de la bebida, daba igual que soltaran un toro embolao que una cabra **mocha**, la penumbra y el alcohol se encargaban de disimular el peligro y el miedo.

Los de mi pueblo, Adobes, pueden considerarse atrevidos y hasta valientes, pero en ningún momento kamikazes. Y aun así siempre había alguno que no sabía lo que hacía, o lo hacía sin conocimiento, puede que no supiera que los toros tienen cuernos o que no le viera los cuernos al toro.

Puedo dar fe que, con conocimiento y la precaución debida, se de uno que tuvo que saltar el puente del río Cabrillas con más de tres metros de alto para evitar que lo enganchara el susodicho toro. Seguro, lo viví en mis propias carnes, negligencias de la noche y envalentonamiento inconsciente.

Y pasado el susto, seguía el baile. Puede que fueran las cinco de la mañana, o de la tarde, o de la madrugada. Eso, cada cual que se lo apropie si es que aún le quedan ganas de fiesta.

Y por delante y caralante había que coger y recoger a la gente del pueblo a altas horas de la madrugada. La furgoneta ya estaba lista para emprender la vuelta de regreso.

Con la noche encima y la furgoneta en marcha, allí no aparecía ni el más pintao, a salvo de aquellos que estaban hartos de beber o cansados de pedigueñar bailar a las mozas.

Dos o tres rondas por las calles del pueblo costaba localizar al personal para que se dieran por enterados. El conductor ya estaba cansado de esperar a las afueras del pueblo. De hecho, no era la primera vez ni sería la última que la furgoneta volvía al pueblo medio llena. Mientras unos ya se quedaban dormios dentro de la furgoneta de tanto esperar, a otros había que traerlos arrastras con una copa de más.

—¿Cuántos hay?

—Once.

—Faltan los de siempre.

—Pues vámonos.

Luego vendrían las represalias tácitas del agente conductor, imaginando averías para que el personal no se durmiera, tuviera que empujar en las cuestas o cruzar un pueblo andando para que la Guardia Civil no pudiera multar. Para animar el viaje, pasaba de todo.

Uno que llevaba un cubata de más…

—¡Para!

—¿Qué pasa ahora?

—Éste que quiere **gomitar**.

Frenazo al canto.

—Espera, que éste quiere mear.

—¡Venga, todos a mear, que ya no paro más!

Y se pusieron todos a mear. Menos las mozas.

Uno, con el paso del tiempo, recuerda con nostalgia y envidia aquellos años mozos en que la juventud de la edad te obligaba a aprovechar al máximo las pocas ocasiones que el pueblo te brindaba.

Convertir aquellas pequeñas fiestas de los pueblos de nuestra comarca en grandes celebraciones era más debido a la añoranza que nos impone la exageración de los recuerdos, pero no es menos cierto que, si así se disfrutaba, era porque la camaradería, la amistad y la complicidad llegaban a veces a ser secretos de confesión.

Casi siempre, un día de fiesta normal llevaba consigo medio día de resaca y un par de castigos. El ayuno y la abstinencia casi siempre eran el tiempo necesario para que uno volviera a recuperar las fuerzas para la próxima a celebrar.

Aquellos años locos, desde la entrada de mozo o moza hasta la ronda de la veintena o treintena, son los que todos recuerdan con más frecuencia, a pesar de que en muchos casos no fueran los más deseados, al estar el pueblo en un periodo de deserción de sus vecinos.

Por entonces, las pandillas de amigos estaban intrínsecamente unidos y conchabados; raramente se formaban con más de dos años de diferencia, y se solía respetar tradicionalmente la fecha de nacimiento. Siempre la marca estaba puesta en la quinta a que se pertenecía.

Quizá aún hoy es posible, y a pesar de haber pasado tantos años, ver las pintadas en los trinquetes de los pueblos. Incluso se están reivindicando las antiguas fiestas de quintos.

El uso de *quinto* o *quinta* estaba relacionado exclusivamente con los hombres y con el año en que se incorporaban a filas en el ejército o, mejor dicho, ir a la mili. Era obligatorio, y si no ibas, se te caía el pelo y lo que fuera necesario. El caso es que, usando como número el año de reclutamiento, servía para deducir la edad de las personas.

—Por aclarar lo de *caerse el pelo*, que quede claro que, de todas formas, se te caía. Te lo cortaban al cero. Dicen que para evitar los piojos.

La complicidad que existía entre las cuadrillas de tal o cual quinta se fidelizaba haciendo grandes y pequeñas fechorías o, en la mayoría de veces, realizando travesuras de mal gusto, aunque fueran insignificantes.

Si uno fuera a contar…

Y si yo te contara…

Y fue en la fiesta del pueblo y de una manera inesperada cuando…

—¡Me caguen la leche!

—¿Quién lo iba a decir?

Hacía tanto tiempo que no nos habíamos visto.

—¡Me caguen toda **intemerata**, pero si es…!

Para mí era el hijo de la Josefa, un tal Alejandro, que llevaba rondando por las tierras altas de Cataluña por lo menos una veintena de años. Se había ido, como cada quisqui, a buscarse la vida donde el azar le dio a entender y que, pese a alguna visita esporádica al pueblo, no habíamos tenido la ocasión de encontrarnos.

La venida no era otra que llevarse a la vieja, que hacía unos meses que estaba por el pueblo, aprovechando la tranquilidad y el buen tiempo que ofrece el verano, y llevársela de nuevo allá por la provincia de Gerona, donde tenía la residencia habitual. La tía Josefa, como otros tantos jubilados, tenía las maletas hechas desde hacía unos días, en espera de que algún hijo se decidiera a venir a buscarla antes de que el tiempo se pusiera feo y se metiera en humedades y frío.

El abrazo de saludo fue tan largo como la veintena de años que hacía que no nos habíamos visto. La alegría de ambos, tan grande como la cantidad de recuerdos de aquellos años de chavales.

Y después de tanto tiempo, ya no había prisa ninguna.

—¿Para cuánto?

—Para un par de días.

Nos emplazamos a vernos.

—Luego paso por tu casa y hacemos un café.

—Perfecto, te espero.

—Tenemos mucho que contarnos.

—Casi una vida entera.

No creo que en los años de chavales en que convivimos juntos, más que amigos, éramos como hermanos. No recuerdo un mal gesto hacia mí, y su familia siempre se comportaba de maravilla. A pesar de ser tiempos difíciles, siempre había en su casa un corrusco de pan para mí.

Y nos vimos. El tiempo que estuvimos juntos dio para informarnos de cosas de familia, de nuestras vidas y recordar algunas anécdotas y travesuras de niños y de chavales. Algunas tan insignificantes que, a pesar de los años, aún perduraban en nuestra memoria.

—Cómo pasan los años.

—Ni que lo digas.

Las miradas se cruzaron en silencio, reconociendo que el tiempo no pasa en balde y que, a pesar de los rasgos físicos más que evidentes —calvas canosas y arrugas serranas—, todo tiene una realidad actual. Luego, una vez reconocida la verdad, nuestras caras se iluminaron con una sonrisa de complicidad.

—¡Jo! ¿Recuerdas cuando nos comimos los garbanzos del piazo de las Paderejas?

—¿Que si recuerdo? La multa de diez pesetas que tuvimos que pagar y, pa' postre, una docena de hostias.

—¿Cómo corríamos?

—Como galgos. Saltábamos los ribazones de las Cruces de dos en dos y con el cinto rozándonos las posaderas.

—¡Anda, que me iba a coger!

—Sí, pero el muy puta esperó a que llegara la noche para cazarnos en casa.

—Esa le valió.

—Es que éramos la monda; cuando quiso darse cuenta, ya no le quedaba ni una mata.

—¿A ti te dieron en casa?

—Aún llevo las marcas en las nalgas.

—¿Y lo buenos que estaban?

—Tan ricos como las patatas asás.

Lo de las patatas asás, la culpa había que echársela al Burgoa. Nos tenía siempre una hora esperando por el Collao hasta que llegaba, y casi siempre a la puesta del sol. Ya cansados de jugar al fútbol en las eras, se nos ocurrió cambiar la pelota por las patatas. Hecho: te toca a ti ir a sacarlas y a mí encender la lumbre. La clandestinidad era detrás de las piedras de la Tinaja, junto al camino de Piqueras.

(Te recuerdo que el furgoneto de Burgoa, nombre por el que era conocido por todo el contorno, era una tartana que hacía de coche de línea desde Santa Eulalia a Piqueras, donde tenía la cochera. Daba servicio a los pueblos de la Sierra y estaba habilitado tanto para el transporte de pasajeros como de enseres o animales de cualquier especie).

Seguimos hablando sin que nos importara lo más mínimo que corrieran los minutos, mientras quedaban unas gotas de bebida en los vasos que aliviaran la facilidad de palabra. Estábamos dispuestos a ir desgranando, a ritmo de recuerdo, cualquier anécdota que saliera a pelo.

—¿Te acuerdas cuando, buscando el nido de tórtola en la pared del Quiñón, te quedaste debajo del molondro y no te lo podíamos quitar?

—¡Jope!, ¿que si me acuerdo? Si no es porque pasaba el Vitorino por allí, no las cuento.

—Sí, ¿y el día que te quedaste colgando de las bocatejas del pajar?

—Menos mal al **pajuzo**, sino, casco.

—Pero al menos cogimos los gorriones.

213

Estábamos apurando las últimas gotas, rechupando las botellas igual que si fuéramos unos chiquillos y nos hubieran dado un par de pesetas para pasar la fiesta.

—¿Tú gateabas mejor que yo?

—Claro, siempre me mandabais que subiera a los pinos cuando había que coger algún nido de paloma.

—A todo esto, ¿recuerdas aquel año la cantidad de grajos que llegamos a juntar en el royo Molino?

—Y tanto, se los comió casi todo el Alfredo.

—¡La leche! No hace mucho, limpiando la cámara, me apareció entre los trastos un cajón con cuadernos de la escuela y una libretilla donde apuntábamos los nidos que íbamos viendo.

—¿Y si yo te dijera que aún conservo un tiragomas de cuando éramos niños?

—¿Qué ponía la libreta?

Día tal… enguerando.

Tal día… nacíos.

Pa' tal día… **esporretos**.

Al poco… **chillambres**.

Pa'l domingo… a cogerlos.

Día tal… ya tachaos.

Otra línea… tachaos.

Había más de una hoja llena.

—¿Y cómo no los aborrecerían?

Y seguimos. El tiempo iba pasando.

Le miré un instante…

—Pero, ¿de verdad te vas mañana?

—¿Qué remedio queda?

—¡Joder!, ¿para una vez que vienes?

—Hombre, la verdad es que no se está mal aquí.

—Yo me tiro media vida aquí y me lo paso bomba.

—¿Quién pudiera?

—Es cuestión de volverse chiquillo.

—No nos engañemos, los tiempos pasan, cambian y cada cual debe aceptar lo que el destino le depara.

—Pues entonces yo soy un inconformista.

—No, simplemente diferente.

—Tal vez lleves razón.

—Ea, qué se le va a hacer.

Las botellas ya se habían quedado más resecas que nuestras gargantas. El ánimo parecía venirse abajo por momentos, y la nostalgia empezaba a dar síntomas de tristeza. Las palabras empezaban a enmudecer.

—¿Me acompañas a casa?

—¡Venga!, así tomamos un poco el aire.

Íbamos por la Callalante, y yo notaba que su mirada buscaba aquellos rincones donde tantas veces, de chiquillo, se había escondido jugando al *alto ministro* o *alza la maya*; aquellos montones de támaras debajo de la calzá donde nos tirábamos a ver quién llegaba más lejos; o aquellos arboluchos donde sesteaban las cabras y nos dejaban chupar sus tetas.

Notaba tantas cosas…

Al día siguiente, el hijo de la Josefa se fue con su vieja.

En el pueblo se habían acabado las fiestas, y la gente se iba marchando poco a poco. Las calles se quedaban desiertas, recuperando su tranquilidad y la libertad de siempre.

Yo desperté de mi sueño y me recosté en el poyato de mi casa, acariciando a mi perra Cuca.

Ella se quedó dormida.

Yo volví a entornar mis ojos y me puse a pensar.

Pienso…, luego existo.

Seguro que vuelvo otra vez.

Esta vez, lo escrito está escrito y no voy a rectificar, porque yo no soy sabio. Reconozco el uso y abuso de cacofonías, arcaísmos y todos sus derivados. Si has acabado de leerlo, te doy las gracias por haber aguantado semejante rollo. Espero, deseo y prometo que el siguiente será más ameno y divertido.

A veces, uno se va de fiesta y la cabeza anda un tanto loca. Lo dicho. Hasta pronto.